Intuición

OSHO

Intuición

El conocimiento que trasciende la lógica

Traducción de
Rocío Moriones

Círculo de Lectores

Prólogo

La intuición no se puede explicar científicamente porque no es algo científico sino irracional. El fenómeno mismo de la intuición es irracional. Al hablar, parece adecuado preguntar: «¿Se puede explicar la intuición?». Sin embargo, en realidad esto quiere decir: «¿Se puede reducir la intuición al intelecto?». Y la intuición es algo que va más allá del intelecto, algo que no pertenece al intelecto, algo que proviene de algún lugar donde el intelecto se encuentra totalmente desarmado. De modo que el intelecto puede *sentirla*, pero no la puede explicar.

El salto de la intuición se puede sentir porque existe un vacío. La intuición se puede sentir a través del intelecto –se puede notar que ha ocurrido algo– pero no se puede explicar porque la explicación necesita una causalidad. La explicación significa responder a estas preguntas: dónde tiene lugar, por qué tiene lugar, cuál es su causa. Proviene de otro lugar, no del intelecto, de modo que no hay una causa intelectual. No existe una razón, un lazo, una continuidad con el intelecto.

La intuición es un nuevo territorio de acontecimientos que no tiene ninguna relación con el intelecto a pesar de que pueda impregnar el intelecto. Hay que entender el hecho de que una realidad superior puede impregnar una realidad inferior pero no al revés. Así, la intuición puede impregnar el intelecto porque es algo superior, pero el intelecto no puede impregnar la intuición porque es inferior.

Al igual que tu mente puede impregnar tu cuerpo pero tu cuerpo no puede impregnar tu mente, tu ser puede impregnar la mente pero la mente no puede impregnar el ser. Por eso, si te estás encauzando hacia el ser, te tienes que alejar tanto del cuerpo como de la mente. Éstos no pueden penetrar un fenómeno superior.

A medida que te diriges hacia una realidad superior, tienes que abandonar el mundo inferior de los sucesos. No hay explicación de lo superior en lo inferior porque allí no existen siquiera los términos de explicación; no tienen sentido. Sin embargo, el intelecto puede sentir el vacío, puede conocer el vacío. Puede llegar a percibir: «Ha ocurrido algo que está más allá de mí». El mero hecho de que sea capaz de sentir esto, será un gran paso para el intelecto.

Sin embargo, el intelecto también puede rechazar lo que ha ocurrido. Esto es lo que quiere decir tener fe o no tenerla. Si sientes que lo que no puede ser explicado a través del intelecto no existe, quiere decir que eres un «no-creyente». Continuarás en esta existencia inferior del in-

Si sientes que lo que no puede ser explicado a través del intelecto no existe, quiere decir que eres un «no-creyente». Continuarás en esta existencia inferior del intelecto, apegado a ella. De esa manera, obstaculizas el camino al misterio, impides que la intuición te hable.

telecto, apegado a ella. De esa manera, obstaculizas el camino al misterio, impides que la intuición te hable.

Así es el racionalista. El racionalista ni siquiera se dará cuenta de que ha ocurrido algo del más allá. Si estás entrenado para ser racional, no dejarás paso a lo superior; lo negarás; dirás: «No puede ser. Debe de ser mi imaginación; lo debo de haber soñado. No lo aceptaré a menos que pueda probarlo racionalmente». La mente racional se vuelve cerrada, confinada dentro de las fronteras del razonamiento, y la intuición no puede impregnarla.

Sin embargo, puedes usar el intelecto sin necesidad de estar cerrado. Puedes usar la razón como instrumento y de ese modo permanecer abierto. Serás receptivo a lo superior; si ocurre algo, estarás receptivo. Puedes usar tu intelecto como una ayuda: éste te advierte: «Ha ocurrido algo que está más allá de mí» y te puede ayudar a entender ese hueco.

Más allá de esto, el intelecto se puede usar para la expresión; no para la explicación sino sólo para la expresión. Un Buda no «explica» nada. Es expresivo pero no es explicativo. Los Upanishad son expresivos pero no contienen ninguna explicación. Dicen: «Esto es de esta manera, esto es de esta otra; esto es lo que ocurre. Si quieres, entra. No te quedes fuera; no es posible ninguna explicación desde el interior hacia el exterior. Así que entra; conviértete en alguien que ha profundizado».

Las cosas no te serán explicadas a pesar de que entres; llegarás a conocerlas y a sentirlas. El intelecto puede intentar entenderlas pero está destinado a fracasar. Lo superior no se puede reducir a lo inferior.

La intuición viaja sin necesidad de vehículo, por eso se produce un cambio, por eso se produce un salto. Es un salto desde un punto hasta otro sin ninguna interconexión entre los dos. Si me acerco a ti paso a paso no se produce ningún salto. Sólo se produce un salto si me acerco a ti sin dar ningún paso. Además, un salto *auténtico* es incluso más profundo. Significa que hay algo que existe en un punto A y que después existe en un punto B, y que entre los dos no hay existencia. Eso es un salto auténtico.

La intuición es un salto, no es algo que llegue a ti paso a paso. Es algo que te ocurre, no algo que te llega; algo que te ocurre sin ninguna causalidad, sin ningún origen. Este suceso repentino significa intuición. Si no fuera repentino, completamente discontinuo con lo que había antes, la razón te descubriría el camino. Llevaría un tiempo pero sería posible. La razón sería capaz de conocerlo, entenderlo y controlarlo. De ese modo, llegaría un día en que fuera posible un instrumento, como la radio o la televisión, en el que se pudiera recibir la intuición.

Si la intuición se propagara a través de rayos u ondas podríamos construir un instrumento para captarlas. Sin embargo, no hay instrumento que pueda captar la intuición porque no es un fenómeno que se transmita a través de ondas. No es siquiera un fenómeno; es sólo un salto de la nada al ser.

Intuición significa simplemente esto; por eso la razón la niega, porque es incapaz de encontrarla. La razón sólo puede encontrar los fenómenos que se pueden dividir en causa y efecto.

Para la razón hay dos tipos de existencia: lo conocido y lo desconocido. Lo desconocido es aquello que todavía no se conoce pero que algún día se conocerá. Sin embargo, el misticismo afirma que hay tres tipos de existencia: lo conocido, lo desconocido y lo incognoscible. El místico entiende por incognoscible aquello que nunca podrá ser conocido.

El intelecto está relacionado con lo conocido y con lo desconocido, no con lo incognoscible. La intuición, en cambio, trabaja con lo incognoscible, con lo que no se puede conocer. No es algo que para ser conocido requiera únicamente tiempo: la incognoscibilidad es su cualidad intrínseca. No quiere decir que tus instrumentos no sean lo suficientemente buenos o que tu lógica no esté desarrollada, o que tus matemáticas sean anticuadas, ésa no es la cuestión. La cualidad intrínseca de lo incognoscible es la incognoscibilidad y siempre existirá como tal.

> *El intelecto está relacionado con lo conocido y con lo desconocido, no con lo incognoscible. La intuición, en cambio, trabaja con lo incognoscible, con lo que no se puede conocer.*

Éste es el reino de la intuición.

Cuando algo de lo incognoscible llega a ser conocido, se produce un salto: no hay continuidad, no hay ningún puente, no hay un ir de un punto a otro punto. Sin embargo, esto parece inconcebible, de modo que cuando digo que lo puedes sentir pero no lo puedes entender, cuando digo tales cosas sé perfectamente que estoy diciendo tonterías. «Tontería» quiere decir simplemente aquello que no puede ser entendido a través de nuestros sentidos. Y la mente es un sentido, el más sutil.

La intuición es posible *porque lo incognoscible está ahí*. La ciencia niega la existencia de lo divino porque dice: «Sólo hay una división: lo conocido y lo desconocido. Si existe algún Dios, lo descubriremos a través de métodos de laboratorio. Si existe, la ciencia lo descubrirá».

El místico dice: «Hagas lo que hagas, hay algo en la misma base de la existencia que seguirá siendo incognoscible, un misterio». Si el místico está equivocado creo que la ciencia va a destruir todo el sentido de la vida. Si no hay misterio, se destruye el sentido de la vida y toda su belleza.

Lo incognoscible es la belleza, el sentido, la aspiración, el fin. La vida cobra significado gracias a lo incognoscible. Cuando todo se conoce, todo se vuelve plano. Te sentirás hastiado, aburrido.

> *Lo incognoscible*
> *es la belleza, el sentido,*
> *la aspiración, el fin.*
> *La vida cobra significado*
> *gracias a lo incognoscible.*
> *Cuando todo se conoce,*
> *todo se vuelve plano.*
> *Te sentirás hastiado,*
> *aburrido.*

Lo incognoscible es el secreto, es la vida misma.

Añadiré una cosa más: la razón es el esfuerzo por conocer lo desconocido, la intuición es el acontecer de lo incognoscible. Es posible penetrar en lo incognoscible pero no es posible explicarlo.

El sentimiento es posible, la explicación no. Cuanto más intentas explicarlo más te cierras, así que no lo intentes. Deja que la razón trabaje siempre en su propio campo pero recuerda continuamente que existen reinos más profundos. Existen razones más profundas que la razón no puede entender. Existen razones más elevadas que la razón es incapaz de concebir.

Mapas

Cuando el cuerpo funciona espontáneamente,
se le llama instinto.
Cuando el alma funciona espontáneamente,
se le llama intuición.
Son dos cosas semejantes y a la vez
alejadas entre sí.
El instinto pertenece al cuerpo, lo burdo;
la intuición pertenece al alma, lo sutil.
Entre las dos cosas se encuentra la mente, la experta,
que nunca funciona espontáneamente.
La mente significa conocimiento.
El conocimiento nunca puede ser espontáneo.
El instinto es más profundo que el intelecto
y la intuición está por encima del intelecto.
Ambos trascienden el intelecto y ambos son buenos.

Cabeza, corazón y ser

Puedes dividir tu individualidad simplemente para comprenderla; de lo contrario no hay división. Es una sola unidad, entera: la cabeza, el corazón y el ser.

El intelecto es el modo de funcionar de la cabeza, el instinto es el modo de funcionar de tu cuerpo y la intuición es el modo de funcionar de tu corazón. Detrás de estos tres elementos está tu ser, cuya única cualidad es la de testigo.

El intelecto posee una gran habilidad para crear preguntas y respuestas, y tras esas respuestas, más preguntas y más respuestas. Puede construir palacios de palabras, sistemas teóricos, pero no son más que castillos de arena.

La cabeza sólo piensa, por lo tanto nunca llega a una conclusión. Es verbal, lingüística, lógica; pero al no tener raíces en la realidad, miles de años de pensamiento filosófico no han dado como resultado ni una sola conclusión. La filosofía ha sido el mayor ejercicio de futilidad. El intelecto posee una gran habilidad para crear preguntas y respuestas, y tras esas respuestas, más preguntas y más respuestas. Puede construir palacios de palabras, sistemas teóricos, pero no son más que castillos de arena.

El cuerpo no se puede apoyar en tu intelecto porque tiene que vivir. Por eso, todas las funciones esenciales del cuerpo están en manos del instinto –por ejemplo, la respiración, los latidos del corazón, la digestión de la comida, la circulación de la sangre– y hay mil procesos dentro de tu cuerpo en los cuales tú no intervienes en absoluto. Es bueno que la naturaleza haya dado al cuerpo su propia sabiduría. De lo contrario, si tu intelecto se ocupara del cuerpo, ¡la vida habría sido imposible! porque puede que alguna vez se te olvidara respirar; al menos durante la noche: ¿cómo vas a respirar mientras estás dormido? Ya estás bastante confundido sólo con tus pensamientos; en medio de esta confusión, ¿quién se va a ocupar de la circulación de la sangre, de si llega la cantidad suficiente de oxígeno a tus células o no, de si lo que estás comiendo está siendo analizado en sus elementos básicos y esos elementos básicos están siendo enviados allí donde se necesitan? Toda esta increíble cantidad de trabajo la realiza el instinto. Tú no haces falta. Puedes estar en coma: aun así el cuerpo continuará trabajando.

> *El intelecto tiene su utilidad pero, por desgracia, se ha convertido en el dueño de todo tu ser. Eso ha originado muchísimos problemas en el mundo.*

La naturaleza ha puesto todas las funciones esenciales de tu cuerpo en manos del instinto, y ha delegado todas aquellas cosas que dan sentido a tu vida... porque simplemente existir, simplemente sobrevivir, no tiene ningún sentido. Para darle un sentido a tu vida, la existencia le ha dado la intuición a tu corazón. Fruto de tu intuición surge la posibilidad del arte, la estética, el amor, la amistad: toda creatividad es intuitiva.

Sin embargo, la sociedad no necesita tu intuición. Ella no se ocupa del amor o de tu sensibilidad, se ocupa de cosas muy palpables y mundanas. Por eso, tu intelecto –que es tu parte más superficial– funciona en ese contexto. El intelecto es útil para la vida mundana en sociedad junto a los demás, en el mundo, para hacer que seas capaz de funcionar. Es pura matemática, es geografía, es historia, es química; toda la ciencia y la tecnología han sido creadas por tu intelecto. Tu lógica y tu geometría son útiles pero el intelecto es ciego. No hace más que crear cosas pero no sabe si se están utilizando para destruir o para crear. Una guerra nuclear será una guerra creada por el intelecto.

> *Nadie quiere que sus hijos sean músicos, pintores o bailarines. Todos quieren que sean médicos, ingenieros o científicos, porque esas profesiones dan dinero.*

El intelecto tiene su utilidad pero, por desgracia, se ha convertido en el dueño de todo tu ser. Eso ha originado muchísimos problemas en el mundo.

Este dueño se oculta tras estas tres cosas: el cuerpo, la mente y el corazón. El dueño se oculta tras las tres, ése es tu ser. Tú nunca te diriges hacia el interior; todos tus caminos conducen hacia el exterior, todos tus sentidos conducen al exterior. Todos tus logros se encuentran ahí fuera, en el mundo.

El intelecto es útil en el mundo y todos los sistemas educativos son sólo técnicas para evitar al corazón y conducir tus energías directamente a tu cabeza. El corazón le puede originar problemas a la cabeza; el corazón no sabe nada de lógica. El corazón tiene un modo de funcionamiento totalmente distinto: la intuición. Conoce el amor, pero el amor es una mercancía sin valor alguno en el mundo. Conoce la belleza, pero ¿de qué sirve la belleza en el mundo?

Las personas del corazón –los pintores, los poetas, los músicos, los bailarines, los actores– son todas irracionales. Crean mucha belleza, son grandes amantes, pero son completamente inútiles en una sociedad que se rige por la cabeza. La sociedad considera a sus artistas prácticamente como parias, medio locos, gente desequilibrada. Nadie quiere que sus hijos sean músicos, pintores o bailarines. Todos quieren que sean médicos, ingenieros o científicos, porque esas profesiones dan dinero. La pintura, la poesía o la danza son peligrosas, arriesgadas; puedes terminar como un mendigo en la calle, tocando la flauta.

Se ha negado el corazón, y sería útil recordar que la negación del corazón ha supuesto la negación de la mujer. A menos que se acepte el corazón, no podrá ser aceptada la mujer. A menos que el corazón tenga la misma oportunidad de crecer que la cabeza, la mujer no se podrá liberar. La mujer es el corazón y el hombre es la cabeza. La distinción es clara.

La naturaleza ha adoptado el instinto. Y cada vez que interfieres en el instinto creas perversiones. Esto es lo que han hecho todas las religiones: cada religión ha estado interfiriendo en el cuerpo, pero el cuerpo es completamente inocente, nunca ha hecho nada malo. Si aceptas el cuerpo en su total naturalidad, te ayudará muchísimo. Ayudará a tu corazón, alimentará tu corazón. Ayudará a que tu inteligencia se agudice porque el alimento del intelecto proviene del cuerpo, el alimento del corazón viene del cuerpo. Si tu cabeza, tu corazón y tu cuerpo están en sintonía, encontrar tu ser será la cosa más fácil del mundo. Sin embargo, al haber conflicto, sigues desperdiciando toda tu vida en ese conflicto entre el instinto, el intelecto y la intuición.

La persona sabia es aquella que crea armonía entre la cabeza, el corazón y el cuerpo. En esta armonía uno llega a la revelación de la fuente de la propia vida, al mismo centro, al alma. Ése es el mayor éxtasis posible. No únicamente para los seres humanos, sino para todo el universo, no es posible nada más.

> *Yo no estoy en contra de nada. Sólo estoy en contra de la falta de armonía, y como tu cabeza está creando una situación muy inarmónica quiero ponerla en el lugar que le corresponde. La cabeza no es el ama, es la sirvienta.*

Yo no estoy en contra de nada. Sólo estoy en contra de la falta de armonía, y como tu cabeza está creando una situación muy inarmónica quiero ponerla en el lugar que le corresponde. La cabeza no es el ama, es la sirvienta. Y como sirvienta es maravillosa, muy útil.

Un lechero dublinés acaba de finalizar su reparto, así que aparca el caballo y el carro a la puerta de un pub y entra a beber algo. Refrescado, después de una hora sale y se da cuenta de que le han pintado el caballo de verde chillón. Muy enfadado, irrumpe otra vez en el pub y pregunta:

–¿Quién de vosotros acaba de pintar mi caballo de verde?

Entonces se levanta un irlandés enorme, de dos metros, y dirigiéndose a él desde las alturas, le dice:

–He sido yo. ¿Tienes algún problema?

El lechero, muy nervioso, esboza una sonrisa y responde:

–¡Sólo he venido a decirte que ya se ha secado la primera capa!

¡El intelecto es útil! Hay situaciones en las que te hará falta el intelecto, pero sólo como sirviente, no como amo.

Pasado, presente y futuro

Tú tienes un pasado, un presente y un futuro. El instinto es lo que pertenece a tu pasado animal. Es algo muy viejo, muy sólido; es la herencia de millones de años. Y cuando digo que es de tipo animal no lo digo como condena. Los sacerdotes de todas las religiones han asociado cierta condena a la palabra «animal», sin embargo, yo no hago más que constatar un hecho, sin condenarlo en absoluto. Nuestro pasado era un pasado animal. Hemos sido todo tipo de animales: nuestra evolución ha ido desde el pez hasta el hombre, pasando por todas las especies de animales. Ha sido un viaje larguísimo hasta llegar a la humanidad.

> *Hemos sido todo tipo de animales: nuestra evolución ha ido desde el pez hasta el hombre, pasando por todas las especies de animales. Ha sido un viaje larguísimo hasta llegar a la humanidad.*

El intelecto es humano. Es nuestro presente. Ésa es la manera en que funcionamos: a través del intelecto. Toda nuestra ciencia, nuestros negocios, nuestras profesiones, todo lo que ocurre en el mundo –nuestra política, nuestra religión, nuestra filosofía– se basa en el intelecto. El intelecto es humano.

El instinto es casi infalible porque es algo muy antiguo, muy maduro, muy desarrollado. Tus ojos parpadean, ¿eres tú el que lo hace? Lo hacen por sí mismos. Tu corazón late, inspiras y espiras; tu intelecto no tiene que preocuparse de todas estas cosas esenciales de la vida. Están en manos del instinto porque el instinto es totalmente infalible. Nunca se olvida de respirar, nunca se olvida de nada.

El intelecto comete muchos fallos porque es algo bastante reciente, es un recién llegado. Se mueve a tientas en la oscuridad, tratando todavía de descubrir qué es y adónde pertenece. Al carecer de las raíces de la experiencia, sustituye la experiencia con creencias, filosofías, ideologías. Éstas se convierten en el centro de atención del intelecto. Sin embargo, son falibles porque todas han sido hechas por el hombre, han sido creadas por algún tipo listo. Además, no se pueden aplicar a cualquier situación. Puede que en una situación funcionen pero en otra no. Pero el intelecto es ciego, no sabe cómo relacionarse con lo nuevo. Ofrece siempre la misma vieja respuesta a cada pregunta nueva.

> *Tu corazón late, inspiras y espiras: todas estas cosas esenciales de la vida están en manos del instinto porque el instinto es totalmente infalible. Nunca se olvida de nada.*

Paddy y Sean están sentados frente a un prostíbulo en Dublín, hablando sobre las virtudes de la fe católica. De repente, Gideon Greenberg, el rabino del barrio, se acerca a la puerta, mira a derecha e izquierda, y sube las escaleras corriendo.

–¿Has visto? –grita Paddy–. Menos mal que soy católico.

Después de diez minutos, el pastor anglicano se acerca a la puerta, mira a su alrededor rápidamente y se apresura a subir las escaleras.

–Otro hipócrita –dice Paddy riendo–. Gracias a Dios soy católico.

Después de unos minutos, Sean le da un codazo a Paddy y dice:

–¡Eh, mira! Por ahí viene el padre O'Murphy.

Los dos se quedan mirando en silencio asombrados al sacerdote católico, que desaparece subiendo las escaleras del prostíbulo. De repente, Paddy se pone de pie de un salto, se santigua y le grita a Sean:

–¿Es que no tienes respeto? ¡Levántate y quítate el sombrero! ¡Debe de haber algún muerto en la casa!

El intelecto vive a base de prejuicios; nunca es noble. No puede serlo por su misma naturaleza ya que no tiene experiencia. El instinto siempre es noble y te muestra siempre el camino natural, el camino mas relajado y el camino que sigue el universo. Sin embargo, es curioso, todas las religiones han condenado el instinto y han alabado el intelecto.

Evidentemente, si todo el mundo hiciera caso a su instinto no habría ninguna necesidad de religión, ninguna necesidad de Dios, ninguna necesidad de sacerdotes. Los animales no necesitan a Dios y son totalmente felices: yo no veo que echen de menos a Dios. Ni los animales, ni los pájaros ni los árboles echan de menos a Dios. Disfrutan la vida con toda su belleza y simplicidad sin temor al infierno ni ansia alguna por el cielo, sin diferencias filosóficas. No existen leones católicos, ni protestantes ni hindúes.

Toda la existencia se debe estar burlando del hombre, de lo que les ha ocurrido a los seres humanos. Si los pájaros pueden vivir sin necesidad de religiones, iglesias, mezquitas ni templos, ¿por qué no va a poder el hombre? Los pájaros nunca tienen guerras santas; tampoco los demás animales, ni los árboles. Sin embargo, tú eres musulmán, yo soy hindú y no podemos coexistir; o te conviertes a mi religión o si no, prepárate; ¡te voy a mandar de inmediato al cielo!

Dado que si estas religiones alaban el instinto pierden todo su fundamento, su razón de ser, entonces alaban el intelecto.

Y la tercera cosa, que es tu futuro, es la intuición. De modo que hay que entender estas tres palabras.

> *El intelecto es ciego, no sabe cómo relacionarse con lo nuevo. Ofrece siempre la misma vieja respuesta a cada nueva pregunta.*

El instinto es físico; tu pasado, basado en una experiencia de millones de años, infalible, nunca comete ningún fallo y produce en ti milagros de los cuales ni siquiera eres consciente. ¿Cómo es posible que aquello que comes se convierta en sangre? ¿Cómo es posible que sigas respirando incluso cuando estás dormido? ¿Cómo separa tu cuerpo el oxígeno del nitrógeno? ¿Cómo sigue tu mundo instintivo natural dando a cada parte de tu cuerpo aquello que necesita? ¿Cuánto oxígeno necesita tu cabeza para que funcione la mente? A través de la sangre se envía la cantidad adecuada a todo el cuerpo, distribuyendo así oxígeno fresco y llevándose el antiguo, el usado, además de las células muertas, que son sustituidas por otras nuevas y devueltas a los lugares desde donde se puede disponer de ellas.

Los científicos dicen que nosotros todavía no somos capaces de hacer aquello que hace el instinto por el hombre. Además, en un cuerpo tan pequeño, el instinto realiza milagros. Si la ciencia quisiera un día realizar el trabajo de un solo cuerpo humano, necesitaría al menos una fábrica de dos kilómetros cuadrados de extensión para una sola persona. ¡Qué maquinaria más increíble! Y puede que, aun así, no sea infalible: la maquinaria se puede romper, se puede parar, puede haber un corte de energía eléctrica. Sin embargo, durante setenta años, sin parar, o incluso en unas cuantas personas durante cien años, el instinto sigue funcionando perfectamente. Nunca hay cortes de electricidad. No hay ni un solo fallo; todo sigue un plan establecido que está en cada una de las células de tu cuerpo. El día en que podamos leer el código de las células humanas, seremos capaces de predecir todo acerca de un niño antes incluso de que haya nacido, antes incluso de que esté en el vientre de su madre. Las células de los padres tienen un programa en el cual está contenida tu edad, tu salud, qué enfermedades vas a tener, tus dones, tu inteligencia, tus talentos, todo tu destino.

Ni los animales, ni los pájaros ni los árboles echan de menos a Dios. Disfrutan la vida con toda su belleza y simplicidad sin temor al infierno ni ansia alguna por el cielo, sin diferencias filosóficas.

Al igual que el instinto, en el otro extremo de tu ser –más allá de la mente, que es el mundo del intelecto– se encuentra el mundo de la intuición.

La intuición abre sus puertas a través de la meditación. La meditación no es más que una llamada a las puertas de la intuición. La intuición también está totalmente preparada. No crece, es algo que también has heredado de la existencia. La intuición es tu conciencia, tu ser.

El intelecto es tu mente. El instinto es tu cuerpo. Al igual que el instinto funciona perfectamente al servicio del cuerpo, la intuición funciona perfectamente en lo relativo a la conciencia. El intelecto se encuentra entre ambas: es un espacio que hay que cruzar, un puente que hay que atravesar. Sin embargo, hay muchas personas, muchos millones de personas que nunca cruzan el puente. Simplemente se sientan en el puente, pensando que ya han llegado a su hogar.

> *La ciencia ha frenado al intelecto, por eso somos incapaces de imaginar nada sobre la conciencia. El intelecto sin una conciencia despierta es una de las cosas más peligrosas del mundo.*

Su hogar se encuentra en la orilla de enfrente, más allá del puente. El puente une el instinto y la intuición, pero todo depende de ti. Puedes empezar a construir tu casa en el puente pero te estarás equivocando totalmente.

El intelecto no va a ser tu hogar. Es un instrumento muy limitado que hay que usar sólo para pasar del instinto a la intuición. De modo que sólo se puede llamar inteligente a la persona que utiliza su intelecto para trascenderlo.

La intuición es algo existencial, el instinto es algo natural. El intelecto se mueve a tientas en la oscuridad. Cuanto antes trasciendas el intelecto mucho mejor. El intelecto puede suponer una barrera para aquellos que piensan que no hay nada más allá de éste. En cambio, el intelecto puede ser un bello paso para aquellos que entienden que ciertamente hay algo más allá de él.

La ciencia ha frenado al intelecto, por eso somos incapaces de imaginar nada sobre la conciencia. El intelecto sin una conciencia despierta es una de las cosas más peligrosas del mundo. Vivimos bajo el peligro del intelecto porque éste ha dado a la ciencia un gran poder. Pero este poder se encuentra en manos de niños, no en manos de sabios.

> *Cuando el instinto y la intuición trabajan juntos también puedes utilizar tu intelecto para buenos propósitos. De lo contrario, sólo tienes medios pero no tienes fines.*

La intuición hace sabio al hombre; lo puedes llamar iluminación o despertar, no son más que distintos nombres de la sabiduría. Sólo en manos de la sabiduría se puede usar el intelecto como un maravilloso ayudante.

Además el instinto y la intuición trabajan muy bien juntos, uno en un nivel físico y la otra en un nivel espiritual. Todo el problema de la humanidad radica en quedarse parados en el medio, en la mente, en el intelecto. En ese punto tendrás infelicidad, tendrás ansiedad, tendrás agonía, no le encontrarás sentido a nada y sufrirás muchas tensiones sin ser capaz de encontrar una solución por ninguna parte.

El intelecto convierte todo en un problema y no conoce ninguna solución. El instinto nunca crea ningún problema ni necesita ninguna solución: funciona naturalmente. La intuición es una pura solución, no tiene problemas. El intelecto sólo supone problemas, no tiene solución.

Si ves con claridad la división lo entenderás muy bien: si no puedes disponer del instinto, te morirás. Si no puedes disponer de la intuición, tu vida no tendrá sentido: no harás más que arrastrarte, será una especie de vida vegetativa.

La intuición te da sentido, esplendor, alegría, bendición. La intuición te descubre los secretos de la existencia, te proporciona un gran silencio, una gran serenidad que nadie puede perturbar ni arrebatarte.

Cuando el instinto y la intuición trabajan juntos también puedes utilizar tu intelecto para buenos propósitos. De lo contrario, sólo tienes medios pero no tienes fines. El intelecto no conoce ningún fin. Esto es lo que ha provocado la situación actual del mundo: la ciencia sigue produciendo cosas pero no sabe para qué. Los políticos siguen utilizando esas cosas sin saber que son destructivas, que únicamente preparan para un suicidio global. El mundo necesita una rebelión general que lo pueda conducir más allá del intelecto hacia los silencios de la intuición.

Hay que entender la misma palabra «intuición». En inglés se conserva la palabra *tuition*, «enseñanza». Implica algo que proviene del exterior, alguien te enseña, un tutor. La intuición quiere decir algo que surge dentro de tu ser; es un potencial tuyo, por eso se llama intuición. La sabiduría nunca se puede tomar prestada y aquello que se toma prestado nunca es sabiduría. A menos que poseas tu propia sabiduría, tu propia visión, tu propia claridad, tus propios ojos para ver, no serás capaz de entender el misterio de la existencia.

Por lo que a mí respecta, estoy completamente a favor del instinto. No lo perturbes.

Todas las religiones se han dedicado a enseñar a perturbarlo; ¿qué es el ayuno sino una perturbación del instinto? Tu cuerpo tiene hambre y está pidiendo comida; sin embargo, tú pasas hambre por razones espirituales. Un extraño tipo de espiritualidad ha estado poseyendo tu ser. Podríamos llamarla simplemente estupidez, en vez de espiritualidad. Tu instinto está pidiendo agua, tiene sed; tu cuerpo la necesita. Sin embargo, tus religiones... el jainismo no permite que se beba agua por la noche. Si pensamos en el cuerpo, puede que sienta sed, especialmente en verano en un país caluroso como la India; y los jainistas sólo existen en la India. Durante mi niñez, me solía sentir muy culpable porque tenía que robar agua por la noche. No podía dormir sin beber al menos una vez durante la noche en los veranos calurosos, pero solía sentir que estaba haciendo algo que no se debía hacer, que estaba cometiendo un pecado. A la gente se le inculcan ideas extrañas y estúpidas.

Estoy a favor del instinto. Éste es uno de los secretos que os quiero revelar: si estáis completamente a favor del instinto, os será muy fácil encontrar el camino hacia la intuición. Porque son la misma cosa, a pesar de que trabajen en diferentes niveles: uno trabaja en un nivel material, la otra trabaja en un nivel espiritual. El hecho de aceptar tu vida instintiva con total alegría, sin ninguna culpa, te ayudará a abrir las puertas de la intuición porque no son diferentes, sólo son diferentes sus niveles. Al igual que el instinto funciona maravillosamente, calladamente, sin hacer ningún ruido, así funciona la intuición; incluso más calladamente, de una manera mucho más maravillosa.

El intelecto es una molestia. Pero depende de nosotros el que lo convirtamos en una molestia o sólo en un apoyo. Cuando te encuentras una piedra en la calle, puedes pensar que es un obstáculo o que es un hito que te ayuda a llegar a un nivel superior. Aquellos que realmente comprenden utilizan el intelecto como un hito. Pero las multitudes se encuentran bajo el control de las religiones que les enseñan: «Utiliza tu intelecto como una fuerza represiva del instinto». Se dedican a luchar contra el instinto y se olvidan por completo de la intuición. Toda su energía se dirige a luchar contra su propia fuerza vital. Y cuando estás continuamente luchando contra tu instinto...

El hecho de aceptar tu vida instintiva con total alegría, sin ninguna culpa, te ayudará a abrir las puertas de la intuición porque no son diferentes, sólo son diferentes sus niveles.

Se supone que un monje jainista tiene que permanecer desnudo todo el año, incluso en los meses de invierno, incluso en las noches frías. No puede usar colchón, no puede usar manta, no puede usar nada para cubrir su cuerpo, ni de día ni de noche. Tiene que ayunar. Cuanto más ayuna, más santo se vuelve a los ojos del mismo tipo de gente condicionada; treinta días, cuarenta días... Esto es una lucha contra el cuerpo. Es una conquista del cuerpo y de lo material, es una conquista del cuerpo por parte del espíritu. Ocurre lo mismo en todas las religiones, con diferentes supersticiones. Dirigen la energía de tu intelecto contra tu instinto, y eso impide que se pueda abrir la flor de tu intuición.

La intuición es la rosa mística que te conducirá al éxtasis final y a la vida inmortal. Sin embargo, las personas parecen estar completamente en manos de un pasado muerto. Sea lo que sea lo que les dijeron que tenían que hacer las escrituras, siguen haciéndolo, sin tener siquiera en cuenta toda la ciencia del hombre.

Estas tres cosas son los niveles de la ciencia del hombre. Se debería permitir que el instinto discurriera tranquilamente. No lo incomodes nunca con el intelecto. Y habría que utilizar el intelecto como un camino hacia la intuición. Sólo tienes que abrir el camino para que la intuición tome posesión de tu vida. De esa manera tu vida tendrá una gran luz, será luminosa. Se convertirá en un continuo festival.

Tres peldaños de una escalera

La intuición es el peldaño más alto de la escalera, la escalera de la conciencia. Ésta se puede dividir en tres partes: la inferior y la primera es el instinto; la segunda, en el medio, es el intelecto; y la tercera, la más alta, es la intuición.

El prefijo «in» se utiliza en las tres. Esto es algo importante. Quiere decir que las tres son cualidades innatas. No son cosas que puedas aprender, no las puedes cultivar con una ayuda externa.

El instinto es el mundo de los animales; todo es instinto. A pesar de que a veces veas otra cosa, ésta no es más que una proyección tuya. Por ejemplo, puedes ver amor en los animales –la madre cuidando de sus crías muy cariñosa, muy atenta– y puedes pensar que no es sólo instinto, que es algo más elevado, no algo simplemente biológico. Sin embargo, no es algo más elevado, es sólo biológico. La madre hace eso como un robot en manos de la naturaleza. No lo puede evitar: tiene que hacerlo.

En muchos animales el padre no tiene instinto paternal; al contrario, muchos matan a sus crías y se las comen. Por ejemplo, en el caso de los cocodrilos, la vida de las crías corre un gran peligro. La madre las protege y lucha por su vida, ¡en cambio, el padre no piensa más que en darse un buen desayuno! El padre no tiene instinto paternal; de hecho, la figura del padre es una institución humana. La madre cocodrilo tiene que guardar a las crías en su boca para protegerlas del padre. Tiene una boca muy grande –todas las mujeres tienen bocas grandes– y se las arregla para guardar al menos a una docena de crías en su boca. En la boca de la madre, justo al lado de sus peligrosos dientes, las crías están a salvo. Para las crías, lo más difícil consiste en distinguir quién es la madre y quién es el padre, ya que los dos se parecen mucho. A veces las crías se acercan al padre, se meten en su boca y desaparecen para siempre; nunca más volverán a ver la luz.

En cambio, la madre trata de luchar, de protegerlas. Quizá por esa razón la naturaleza da a los cocodrilos tal cantidad de crías: la madre tiene una docena cada vez, cada año. Si consigue salvar al menos dos logrará que la población siga siendo la misma, pero logra proteger casi a la mitad de las crías.

Cualquier persona que vea esto pensará que el padre es muy cruel, que no tiene compasión, que no tiene amor, que la madre es realmente maternal. Pero sólo estás proyectando tus ideas. La madre los protege no por una razón consciente: en sus hormonas está el protegerlos. En cambio, el padre no tiene nada que ver con esas hormonas. Si se le inyectaran las mismas hormonas, dejaría de matar a sus propias crías. Así que es una cuestión de química, no de psicología ni de nada más elevado que la bioquímica.

El noventa por ciento de la vida del hombre sigue siendo parte del mundo animal. Vivimos gracias al instinto.

Te enamoras de una mujer o una mujer se enamora de ti y piensas que es algo maravilloso. No tiene nada de maravilloso, no es nada más que un encantamiento instintivo: son hormonas que se sienten atraídas por otras hormonas. No eres más que un juguete en manos de la naturaleza. Ningún animal se preocupa por las delicadezas o sutilezas del amor, en cambio, el hombre siente que ser simplemente instintivo es algo insultante, humillante. ¿Tu amor sólo es bioquímica? Tu amor es poesía, tu amor es arte, tu amor es filosofía; en cambio ¿bioquímica? Parece como si te avergonzaras de tu biología, de tu química, de tu naturaleza.

Pero ésta no es la manera de entenderlo. Tienes que entender exactamente qué es cada cosa. Hay que distinguir bien, de lo contrario siempre estarás confundido. Tu ego seguirá haciéndote proyectar hacia arriba cosas que tienen tan poco que ver con cualquier cosa elevada como lo que hay en los niveles más bajos.

Tu amor no es más que una ilusión creada por tu química. Piensa: si se borrara la idea romántica del amor no creo que ningún hombre ni ninguna mujer fueran capaces de soportar el sexo y su necedad. Parecería algo estúpido. No tienes más que eliminar toda idea romántica y pensar en términos de biología y química: tu sexo te hará entonces sentirte avergonzado. No hay nada de lo que jactarse. Imagínate a ti mismo haciendo el amor con un hombre o con una mujer sin que exista ningún tipo de romance, sin poesía, sin ningún Omar Khayyam, sin ningún Shelley, sin ningún Byron, sólo como un simple proceso reproductivo porque la naturaleza quiere procrear a través tuyo ya que sabe que vas a morir. No eres eterno; antes de que mueras, la naturaleza quiere que la vida continúe. En cambio, el hombre no puede practicar el sexo sin pensar en él de forma romántica, así que ha creado todo un halo alrededor del sexo al que llama amor. Finge, incluso cree que es amor, pero obsérvalo con atención.

Te interesa un hombre o una mujer. El instinto natural de la mujer es jugar al escondite. Es algo muy extraño que en todas las culturas, en todo el mundo, los niños jueguen sin excepción a dos juegos. Sus religiones son diferentes, sus culturas son diferentes, sus razas son diferentes, sus sociedades, sus lenguajes: todo es diferente, pero en lo relativo a estos dos juegos, da igual que hayan nacido en África, en China, en América o en la India. Uno de los juegos es el del escondite. Es extraño que no exista en todo el mundo ni una sola cultura en la que los niños no jueguen al escondite. Parece como si tuviera que ver con el instinto y se estuvieran preparando para otro juego del escondite más importante. Esto es sólo un ensayo y durante el resto de la vida continúa el juego.

Si se borrara la idea romántica del amor no creo que ningún hombre ni ninguna mujer fueran capaces de soportar el sexo y su necedad. Parecería algo estúpido.

La mujer es siempre la que se intenta esconder y el hombre es siempre el macho que busca. El hecho de buscar supone un reto para él; cuanto más se esconde la mujer, mayor reto y mayor excitación supone.

Pero todos los niños del mundo juegan al escondite. Nadie les enseña, ¿cómo es que se ha vuelto universal? Debe de surgir de su naturaleza interna: un deseo de buscar, de encontrar, de sentirse retados.

Estas cosas ocurren de forma natural; no es algo que alguien decida, forman parte de tu naturaleza biológica. Sin embargo, la naturaleza ha sido lo suficientemente sabia para darte el engaño del amor; de lo contrario, sólo por fines reproductivos, para que continúe la vida, no ibas a practicar todos esos ejercicios, esas ochenta y cuatro posturas que indica Vatsyayana; extrañas, feas, estúpidas. Si dejas de lado el amor, el sexo puro realmente parece algo animal. Ése es uno de los problemas con que se ha encontrado siempre la humanidad y con el que todavía se encuentra. Sólo nos queda esperar que en un futuro lo podamos hacer más comprensible.

El hombre continúa buscando, persuadiendo, escribiendo cartas de amor, enviando regalos y haciendo todo lo que está en su poder, pero una vez que su sexo está satisfecho deja de sentir interés. Sin embargo, no es algo que haga conscientemente. No pretende herir a nadie; especialmente, no pretende herir a la persona que ha amado. Pero ése es el camino de la biología. Todo ese romance y todo ese amor no eran más que un halo con el que la naturaleza estaba tratando de ocultar la parte sexual: como por sí misma parece fea, le estaba dando una bonita fachada.

Es extraño que no exista en todo el mundo ni una sola cultura en la que los niños no jueguen al escondite. Parece como si tuviera que ver con el instinto y se estuvieran preparando para otro juego del escondite más importante.

Una vez que el trabajo de la naturaleza se realiza a través de ti, desaparece todo ese halo. El instinto sólo conoce el sexo. El amor es sólo una capa de azúcar sobre una pastilla amarga para ayudarnos a tragarla. No la mantengas en la boca, de lo contrario, no serás capaz de tragártela; muy pronto habrá desaparecido esa fina capa de azúcar y escupirás la pastilla amarga.

Por eso los amantes tienen mucha prisa por hacer el amor. ¿Por qué esa prisa? ¿Por qué no pueden esperar? La capa de azúcar es muy fina y tienen miedo de que si se demoran mucho, ésta desaparezca y todo sea amargo, realmente amargo.

El instinto no te hace humano, sólo te mantiene como un animal; de dos piernas pero, a pesar de ello, un animal.

El segundo peldaño, el intelecto, te proporciona algo que es más elevado que la biología, que la química, que la naturaleza animal. El intelecto también es algo innato, al igual que la intuición, al igual que el instinto. No hay forma de incrementar tu capacidad intelectual; todo lo que se puede hacer es convertir en real todo tu potencial, lo que hará que parezca que ha aumentado tu intelecto. La realidad es que la persona más inteligente utiliza sólo un quince por ciento de su potencial; la persona corriente, normal, habitual, sólo usa un seis o un siete por ciento. El ochenta y cinco por ciento de la inteligencia permanece intacto incluso en Albert Einstein o en Bertrand Russell. Podemos disponer de ese ochenta y cinco por ciento, lo que supondrá un gran crecimiento. Pensarás que realmente ha aumentado tu inteligencia. En cambio, no has hecho más que recuperar, recobrar aquello que ya era tuyo.

> *No hay forma de incrementar tu capacidad intelectual; todo lo que se puede hacer es convertir en real todo tu potencial actual. La realidad es que la persona más inteligente utiliza sólo un quince por ciento de su potencial.*

Hemos descubierto maneras de potenciar el intelecto y de incrementar la memoria. Todas las escuelas, los institutos y las universidades, todos los sistemas educativos de todo el mundo no hacen más que esto: agudizar tu intelecto. Pero ha surgido un problema que los educadores no habían previsto. Cuando el intelecto se hace un poco poderoso, comienza a interferir en el instinto. Comienza una competición, una lucha por el poder.

El intelecto intenta dominar y, dado que tiene a la lógica de su parte –la razón, los argumentos, mil pruebas–, consigue, en lo respectivo a la mente, convencerte de que el instinto es algo malo. Por eso, todas las religiones han condenado el instinto.

> *Cualquier cosa que decidas con tu mente consciente puede ser desterrada en cualquier momento por el inconsciente ya que éste es nueve veces más poderoso. No se preocupa por tu lógica ni por tu razón ni por nada de eso.*

No son más que juegos intelectuales: el instinto es parte de tu mente inconsciente y el intelecto es parte de tu mente consciente, pero el problema es que la mente consciente es sólo la décima parte de la mente inconsciente. Es como un iceberg: sólo una décima parte sobresale por encima del agua, hay nueve partes más ocultas bajo el agua. Tu mente consciente es sólo una décima parte, pero se ve, la conoces. En cambio, no sabes nada de tu mente inconsciente.

La mente consciente es educada en las escuelas, los institutos, las universidades, las iglesias, las sinagogas... en todas partes. Ponen a tu mente consciente *contra* el instinto. Es un fenómeno horrible; te obligan a ir contra la naturaleza, contra ti mismo.

En cambio, la mente inconsciente siempre está en silencio, inmersa en la oscuridad. No se preocupa en absoluto por la mente consciente. Cualquier cosa que decidas con la mente consciente puede ser desterrada en cualquier momento por el inconsciente ya que éste es nueve veces más poderoso. No se preocupa por tu lógica ni por tu razón ni por nada de eso.

No estaba injustificado el hecho de que incluso un hombre como Gautama Buda estuviera en contra de dejar entrar mujeres en su comunidad. Quería que fuera una comunidad totalmente masculina en la que no hubiera ninguna mujer. Yo estoy en contra de esta actitud pero entiendo la razón. Hay que pensar cuál era la razón de esta actitud. Sabía que una vez hubiera mujeres, ¿qué iba a hacer con la mente inconsciente de los hombres? Era una cuestión de psicología, no de religión.

Sigmund Freud o Jung o Adler son insignificantes al lado de Gautama Buda. Parece inhumano impedir el paso a las mujeres pero si profundizas te sorprenderás: el hombre tenía un sólido fundamento. El fundamento no era la mujer; en realidad no estaba diciendo que las mujeres se quedaran fuera. Estaba diciendo: «Sé que no podéis vencer a vuestro inconsciente». En realidad no era una condena a las mujeres, era una condena a los discípulos. Estaba diciendo que al dejar entrar a las mujeres, se iba a crear una situación en la que el inconsciente se iba a imponer en ti.

Intentó por todos los medios que esto no pasara. Les dijo a sus monjes que tenían que caminar mirando sólo un metro por delante, de modo que no pudieran ver el rostro de ninguna mujer en la calle ni en ninguna parte; como mucho, podrían ver sus piernas. Les dijo a sus discípulos:

–No toquéis a ninguna mujer, no habléis a ninguna mujer.

Uno de sus discípulos insistía diciéndole:

–En una situación concreta, por ejemplo si una mujer se cae en el camino y está enferma o se está muriendo, ¿podemos hablar con ella y preguntarle adónde quiere ir? ¿Podemos tocarla y llevarla a su casa?

Él respondió:

–En una situación excepcional como ésta, sí, puedes tocarla y puedes hablar con ella, pero sé muy consciente de que es una mujer.

Su insistencia, «sé muy consciente», no está dirigida contra la mujer, está dirigida contra tu inconsciente. Si eres muy consciente existe la posibilidad de que tu inconsciente no sea capaz de penetrar e imponerse a la mente consciente.

Todas las religiones han ido en contra de la mujer; no quiere decir que fueran misóginas, no: sólo estaban intentando proteger al monje, al sacerdote y a los papas. Evidentemente, no estoy de acuerdo con su metodología porque ésa no es forma de proteger; de hecho sólo te hace más inflamable. Un monje que no ha tocado nunca a una mujer, que no ha hablado con una mujer y que no tiene ni idea de mujeres está más destinado a ser presa de su instinto que un hombre que ha vivido con mujeres, que ha hablado con ellas y que se ha sentido tan natural con ellas como con cualquier hombre.

Los monjes y las monjas han estado *más* bajo el influjo del instinto. Si separas completamente tu instinto de la satisfacción, éste se puede hacer tan poderoso –casi como una droga– que te puede envenenar, te puede provocar alucinaciones. En la Edad Media había monjes que confesaban delante de un tribunal especial convocado por el Papa. Era un tribunal especial donde se llamaba a declarar a todas las monjas y monjes honestos: «¿Estás teniendo relaciones con demonios, con brujas?». Y miles de ellos confesaban: «Sí, las brujas vinieron por la noche, los demonios vinieron por la noche».

Los muros y los cerrojos de los monasterios no les impedían entrar; claro, ¡para algo eran demonios y brujas! Describían exactamente cómo era una bruja, cómo era un demonio, y cómo habían sido tentados sexualmente y habían sido incapaces de resistirse. Estas monjas y monjes fueron quemados vivos para que sirvieran de ejemplo a los demás.

Sin embargo, nadie se ha molestado en observar una cosa: a ti no se te acerca ninguna bruja aunque tengas la puerta abierta. A ti no se te acerca ningún demonio. ¿Por qué esos demonios y esas brujas se acercaban sólo a los católicos? ¡Qué raro! ¿Qué pecado han cometido los pobres católicos?

La razón es muy simple. Habían reprimido tanto el sexo que se convirtió en algo que hervía en su inconsciente. Y cuando se iban a dormir, sus sueños eran realmente vívidos, coloridos y realistas; dependía de cuánto habían sido reprimidos. No tienes más que ayunar durante dos o tres días y verás: cada noche tendrás en sueños un maravilloso festín. A medida que ayunas más y tienes más hambre, el festín será más delicioso, fragante, colorista, realista. Es probable que después de veintiún días de ayuno puedas soñar con comida con los ojos abiertos, completamente despierto. Ya no te hace falta dormir: ahora el inconsciente se empieza a infiltrar en la conciencia incluso mientras estás despierto. Muchos de esos monjes y monjas admitieron que los demonios y las brujas habían ido a visitarlos e hicieron el amor con ellos no sólo por la noche, sino también durante el día. Y ellos fueron incapaces de hacer nada, estaba por encima de sus posibilidades.

Otras religiones han hecho lo mismo.

Yo me esfuerzo en hacer lo contrario que todas las religiones porque me doy cuenta de lo que han hecho. Su intención era buena pero su entendimiento no era lo suficientemente profundo. Yo quiero que los hombres y las mujeres vivan juntos, que cada uno conozca el cuerpo del otro, las diferencias, las polaridades, de modo que tu inconsciente no necesite cargar con ninguna represión.

> *Cuando tu inteligencia y tu instinto no están en conflicto, te vuelves humano por primera vez; ya no formas parte del reino animal.*

Una vez que tu inconsciente esté completamente libre de represión, tu instinto será diferente. Estará unido a la inteligencia. Cuando tu inconsciente ya no está reprimido, cuando ya no existe un muro de Berlín entre tu conciencia y tu inconsciencia, se puede derribar el muro porque ya no hay represión, así que no hay necesidad de mantener oculto al inconsciente: puedes entrar y salir de tu inconsciente tan fácilmente como vas de una habitación a otra de tu casa.

Ésta es tu casa; Gurdjieff solía usar esta metáfora de la casa, diciendo que el hombre es una casa de tres pisos. El primer piso es el inconsciente, el segundo es la conciencia y el tercer piso es la supraconciencia. Cuando tu inteligencia y tu instinto no están en conflicto, te vuelves humano por primera vez; ya no formas parte del reino animal. Para mí, esto es lo que necesita realmente cualquier persona que quiera conocer la verdad, la vida, la existencia, cualquiera que quiera conocer quién es.

Si reprimes nueve partes de tu mente, ¿cómo vas a conocerte a ti mismo? Has confinado gran parte de ti mismo a un sótano, donde ya no puedes soportar ir. Todas las personas religiosas han vivido con miedo, temblando. ¿Qué temían? Temían a su propio inconsciente y a sus instintos reprimidos, que llamaban a la puerta de su conciencia: «¡Abre la puerta, queremos entrar! ¡Queremos realizarnos, queremos ser colmados!». Cuanta más hambre tienen, más peligrosos son. Estás rodeado de lobos hambrientos; cada instinto se convierte en un lobo, y ésa es la tortura en medio de la cual han vivido las llamadas personas religiosas: rodeadas de lobos hambrientos.

La mayor parte de tu inteligencia se dedica a reprimir. Estás sentado en un volcán intentando impedir que estalle.

Quiero que estéis en buenos términos con vuestro inconsciente. Permitid que vuestra biología se satisfaga totalmente. Miradlo desde este punto de vista: si vuestra biología está completamente satisfecha, no habrá lucha entre la conciencia y el inconsciente. Te vuelves uno; en lo que respecta a tu mente, tu mente será una. Eso te dará una gran inteligencia porque la mayor parte de tu inteligencia se dedica a reprimir. Estás sentado en un volcán intentando impedir que estalle. El volcán va a estallar, tienes tan poco poder que no lo puedes contener siempre; por el contrario, cuando explote, estallarás en tantas pequeñas piezas que será imposible volver a unirte de nuevo.

Todos los locos que hay en el mundo, en los psiquiátricos, en los hospitales, ¿qué son? ¿Quiénes son? ¿Qué les ha pasado? Han estallado en mil piezas y ya no las pueden volver a unir. No hay forma de reunirlas a menos que consigan que todos sus instintos reprimidos se vean saciados. Pero ¿quién se atreve a decir esto? Al haberme dedicado a decir esto durante treinta y cinco años me he convertido en el hombre más famoso del mundo.

Precisamente el otro día vi en la revista alemana *Stern* un especial de quince páginas dedicado a mi comuna, y no es más que la primera parte de una serie. Van a ser cinco partes en cinco números consecutivos de la revista. El titular de la primera página dice: «El Estado del Sexo». ¡Me encantó! Y lo más curioso es que si sigues leyendo más allá de esas quince páginas, te quedarás sorprendido. ¿Quién vive en un Estado del sexo? ¿Los miembros del *Stern*, los editores y sus colaboradores, o nosotros?

En la revista hay mujeres desnudas. No están simplemente desvestidas, porque una mujer completamente desnuda no es fascinante. Tienes que hacer su desnudez incluso más fascinante poniéndole ropa sexy, que por un lado muestre el cuerpo y por otro lo oculte. Así puedes volver a jugar al juego del escondite. Puedes empezar a soñar cómo será esa mujer sin esa ropa. Puede que sin la ropa no sea bella; de hecho, todos los cuerpos femeninos son iguales y todos los cuerpos masculinos son iguales, una vez que apagas la luz y desaparece todo el colorido y todas las diferencias. La oscuridad equilibra e iguala tanto que, en la oscuridad, puedes amar incluso a tu propia mujer.

Toda la revista está llena de sexo, sin embargo somos *nosotros* el «Estado del Sexo». Incluso *Playboy* escribe en contra de mí. ¡Me pregunto en qué mundo más extraño vivimos! Sin embargo, sé por qué lo hacen precisamente *Stern* o *Playboy* o ese tipo de revistas, que son de tercera categoría y se dedican a explotar la sexualidad de las personas: venden millones de ejemplares. *Stern* vende cerca de dos millones de copias y se estima que cada copia la leen al menos ocho personas, lo que significa dieciséis millones de personas.

¿Por qué están en contra de mí? Y llevan en contra de mí muchos años. La razón es que si yo tengo éxito, sus revistas tendrán que cerrar. Viven de la represión. La razón por la que están en contra de mí es bastante lógica. Los sacerdotes, que están en contra del sexo, están en contra de mí, y también las personas que usan el sexo como una explotación: *Playboy*, *Stern* y miles de revistas en todo el mundo; todos están en contra de mí. Es extraño porque no están en contra del Papa; no hay un solo artículo en contra del Papa. *Playboy* debería estar en contra del Papa, quien está siempre condenando el sexo. Sin embargo, no...

> *Todos los cuerpos son iguales, una vez que apagas la luz y desaparece todo el colorido y todas las diferencias. La oscuridad equilibra e iguala tanto que, en la oscuridad, puedes amar incluso a tu propia mujer.*

Hay una lógica intrínseca: cuanto más condena el Papa el sexo, cuanto más lo reprime, más vende *Playboy*. Mi comuna es el único lugar en que a nadie le interesa *Playboy* o *Stern*. ¿A quién le importan esas revistas? Si yo tengo éxito, todas esas revistas pornográficas, la literatura, las películas están condenadas a desaparecer. Pero tras ellas hay una gran inversión así que se van a oponer a mí, y se opondrán y me condenarán en nombre del sexo, como si yo estuviera propagando la sexualidad.

Si hay alguien que haya propagado la sexualidad debe de ser vuestro Dios. Yo no tengo nada que ver con Él. Él sigue dando vida a niños con hormonas sexuales. Debería parar; ¡debería hacer caso al Papa! Sin embargo, esas revistas tampoco están en contra de Dios porque es el que les proporciona todo su mercado. Los papas y los que se dedican a la pornografía están compinchados: ambos están en contra de mí sencillamente porque les estoy arruinando el negocio.

> *Cuanto más condena el Papa el sexo, cuanto más lo reprime, más vende* Playboy.

Estos dos tipos de personas se dedican a explotar la represión, por lo tanto, es completamente lógico que vayan en contra de mí; los dos van en contra de mí. Al menos *Stern* no debería ir en mi contra si he creado un Estado del sexo, deberían estar felices y estar a favor. En cambio, no, están completamente enfadados. Puede que ni siquiera sean conscientes de por qué están enfadados conmigo; puede que lo hagan de forma inconsciente, pero hasta el inconsciente tiene sus razones.

Reprime cualquier cosa y se volverá valiosa. Reprímela más y se volverá más valiosa. No la reprimas y perderá su valor. Exprésala: se evaporará.

Yo le puedo decir al mundo que mi comuna es el único lugar donde el sexo no significa nada, no tiene valor. A nadie le importa, nadie sueña con él ni nadie fantasea con él. De hecho, la gente no hace más que escribirme:

«Osho, ¿qué puedo hacer? Mi vida sexual prácticamente está desapareciendo».

Yo les contesto: «¿Qué puedes hacer? Deja que desaparezca. No hace falta que hagas nada. Nuestro propósito aquí es ése: ¡tiene que desaparecer! No hagas ningún esfuerzo para hacer que desaparezca, pero cuando esté desapareciendo, por favor, no hagas ningún esfuerzo por impedirlo. Dile adiós. Es maravilloso que esté desapareciendo». Sin embargo, el problema es que la gente piensa que cuando desaparece el sexo no les queda nada, porque el sexo constituía toda su excitación, su éxtasis y su alegría.

> *Reprime cualquier cosa*
> *y se volverá valiosa.*
> *Reprímela más y*
> *se volverá más valiosa.*
> *No la reprimas y perderá*
> *su valor. Exprésala:*
> *se evaporará.*

No, te esperan muchas más cosas. Deja que desaparezca el sexo para que tengas energía para una excitación mucho más elevada, un éxtasis mucho más elevado.

Cuando tu inconsciente y tu conciencia se encuentran porque no hay nada reprimido en el inconsciente –ése es el momento de su encuentro y su fusión–, en ese mismo instante se te ofrece otra gran oportunidad. Dado que ya no estás ocupado en lo más inferior, toda tu energía está dispuesta para lo más elevado.

Tú estás en el medio, la mente consciente. Pero dado que el inconsciente está ahí, sigues empeñado en reprimirlo, continúas reprimiéndolo; no es cuestión de que lo reprimas una vez y ya está. Tienes que reprimirlo constantemente, porque vuelve una y otra vez.

Es como cuando botas una pelota. La tiras y vuelve a

ti. Cuanto más fuerza pones al hacerlo, mayor es la fuerza con la que vuelve hacia ti. Lo mismo ocurre con los instintos. Tú los reprimes y cuanta más energía pongas en reprimirlos más energía tendrán para resurgir. ¿De dónde pueden sacar la energía? Es tu propia energía. En cambio, cuando estás completamente liberado del inconsciente y todo lo que le rodea está limpio y callado, entonces dispones de toda tu energía.

La energía tiene un principio fundamental: no puede permanecer estática, tiene que moverse. El movimiento forma parte de su naturaleza. No es algo que puedas poner en un sitio y dejar ahí. No, se tiene que mover; es vida. Así que cuando no tiene una razón para moverse hacia abajo sólo tiene otra dirección en la que moverse: hacia arriba. No tiene otra dirección donde ir. Empieza a golpear tu supraconciencia y este simple roce en la supraconciencia es tan placentero y maravilloso que, a su lado, todos tus orgasmos sexuales no son nada. No te lo puedes imaginar porque no hay una diferencia cuantitativa de modo que te pueda decir: «Es diez veces mayor». Es una diferencia de *calidad*, así que no hay manera de que te la imagines. ¿Cómo la puedes comparar con tus orgasmos? Pero ésta es la única cosa en la vida a través de la cual se puede indicar algo más elevado.

La energía tiene un principio fundamental: no puede permanecer estática, tiene que moverse. El movimiento forma parte de su naturaleza.

Cuando tu energía empieza a tocar el mundo superior del cual ni siquiera eras consciente, se produce un flujo continuo de alegría. El orgasmo es algo tan momentáneo que en el momento en que te das cuenta de que está ahí, ya se ha acabado. Sólo lo recuerdas en tu memoria; realmente no te das cuenta mientras está ocurriendo. Debido a su brevedad te vuelves cada vez más adicto a él porque te acuerdas de que había algo, de que algo maravilloso estaba pasando, así que: «Vamos a volver ahí otra vez, vamos a volver ahí otra vez». Pero no hay manera...

Antes de que llegue, sabes que está llegando porque la campana empieza a sonar en tu cabeza. Es realmente una campana que empieza a sonar en tu cabeza: «¡Está llegando!». Sabes que está llegando... sabes que se ha ido. La campana ha dejado de sonar, ya no suena, ¡y tú pareces un tonto! Entre que empieza a sonar la campana y que deja de sonar, tú pareces un tonto. Quizás el hombre se siente más avergonzado; por eso después de hacer el amor, se da media vuelta y se pone a dormir. La mujer no se siente tan avergonzada por la sencilla razón de que no es tan activa; el hombre parece tonto porque es el miembro activo.

No es más que la energía tocando tu nivel más elevado de conciencia, la supraconciencia; su simple roce, y hay un flujo de alegría que permanece. Poco a poco la energía sigue golpeando y se hace camino hacia el centro de la supraconciencia. No tienes nada que hacer: tu trabajo termina cuando dejas de reprimir y limpias tu conciencia. Después no tienes que hacer nada, después todo lo que hay que hacer lo hace tu energía. Y cuando alcanzas el centro comienza a funcionar en ti una nueva facultad que es la intuición.

En el centro de la inconsciencia está el instinto.

En el centro de la conciencia está el intelecto.

En el centro de la supraconciencia está la intuición.

El instinto te hace hacer cosas, te fuerza a hacer cosas incluso contra tu deseo. El intelecto te ayuda a encontrar el camino para hacer una determinada cosa o a encontrar el camino para no hacer una determinada cosa. La función del intelecto es encontrar el camino.

Si quieres ir *con* el instinto, el intelecto encontrará el camino. Si eres lo que se llama una persona religiosa, una persona pseudo-religiosa y quieres ir contra el instinto, el intelecto encontrará el camino. Puede que sean caminos intrincados pero el intelecto está a tu servicio para lo que quieras hacer. No va a favor o en contra de nada, simplemente está a tu disposición.

El intelecto te ayuda a encontrar el camino para hacer una determinada cosa o a encontrar el camino para no hacer una determinada cosa. La función del intelecto es encontrar el camino.

El hombre que esté sano, usará su intelecto para ayudar a que su inconsciente se realice. Cuanto antes se realice mejor, porque así te librarás de él. Plenitud significa liberarse de él.

Si eres un excéntrico de cualquier tipo: católico, protestante, etc. En el mundo hay una amplia gama de excéntricos. Puedes elegir qué tipo de excéntrico quieres ser: hindú, musulmán, jainista, budista, hay todo tipo de variedades. No puedes decir: «No existe lo que yo quiero», no puedes decir eso: a lo largo de miles de años el hombre ha creado casi todos los tipos de variedades de excéntricos. Puedes elegir, puedes tener aquello que elijas; pero elijas lo que elijas es lo mismo.

Nadie te ha contado cómo utilizar el intelecto para lograr que se realice tu inconsciente, tu naturaleza, tu biología, tu química. Son tuyas, ¿qué importa si es química, biología o psicología? Son parte de ti y la naturaleza nunca te concede nada sin una razón. Haz que se realice y esta realización será el camino hacia un potencial más elevado.

Todas las personas religiosas están apegadas a lo más bajo de su ser; por eso parecen tan tristes y tan culpables. No se pueden regocijar. Jesús continúa diciéndoles: «Regocijaos», y por otra parte les dice: «Tened presente el infierno». ¡Crea un dilema a la gente al enseñarles el camino del infierno!: el camino del infierno consiste en realizar tu naturaleza y el camino del cielo consiste en ir en contra de tu naturaleza.

> *La naturaleza nunca te concede nada sin una razón. Haz que se realice y esta realización será el camino hacia un potencial más elevado.*

Sin embargo, ir en contra de tu naturaleza supone crear el infierno aquí en la tierra.

Yo quiero crear el paraíso aquí, ahora. ¿Por qué posponer algo tan maravilloso?

Puedes posponer las cosas que no merecen tu atención, pero ¿posponer el paraíso? Yo no estoy dispuesto a posponerlo para mañana ni para el próximo segundo. Puedes tenerlo aquí y ahora; todo lo que necesitas es una conciencia limpia. Cuando está realizada, llena, la biología se asienta, la química se asienta, y ambas te dan toda la energía que se invertía en esas cosas. La energía se lanza hacia arriba por sí misma y sólo se para en el mismo centro de tu mente supraconsciente. Allí empieza a funcionar la intuición.

¿Qué es la intuición? La intuición es en ciertos aspectos como el instinto y en otros totalmente distinta al instinto; en ciertos aspectos es como el intelecto, en otros aspectos es totalmente opuesta al intelecto. Así que tendrás que entenderla porque es lo más sutil que posees.

La intuición es como el instinto porque tú no puedes hacer nada. Forma parte de tu conciencia, al igual que el instinto es parte de tu cuerpo. No puedes hacer nada con tu instinto y no puedes hacer nada con tu intuición. Pero al igual que puedes permitir que tus instintos se realicen, puedes permitir y dar total libertad a tu intuición para que se realice. Te sorprenderás de los poderes con los que contabas.

La intuición te puede dar respuestas a las preguntas fundamentales; no verbalmente sino existencialmente.

No hace falta que preguntes: «¿Qué es la verdad?». El instinto no te va a oír, es sordo. Te oirá el intelecto, pero sólo puede filosofar; es ciego, no puede ver. La intuición es una *observadora*, tiene ojos. Ve la verdad, no piensa sobre ella.

Al igual que puedes permitir que tus instintos se realicen, puedes permitir y dar total libertad a tu intuición para que se realice. Te sorprenderás de los poderes con los que contabas.

El instinto y la intuición son independientes de ti. El instinto está en poder de la naturaleza, de la naturaleza inconsciente, y la intuición está en manos del universo supraconsciente. La conciencia que rodea todo el universo, la conciencia oceánica de la cual sólo somos pequeñas islas, o, mejor dicho, icebergs, ya que nos podemos fundir en ella y ser un todo con ella.

En cierto modo, la intuición es algo totalmente opuesto al instinto. El instinto siempre te conduce al otro, su realización siempre depende de otra cosa aparte de ti. La intuición sólo te conduce a ti mismo. No depende de otra cosa, no necesita de otra cosa; de ahí su belleza, su libertad e independencia. La intuición es un estado de exaltación en el que no se necesita nada. Está tan llena de sí misma que no hay espacio para nada más.

En cierto sentido, la intuición es como el intelecto porque es inteligencia. El intelecto y la inteligencia se asemejan, al menos en apariencia, pero sólo en apariencia. La persona intelectual no es necesariamente inteligente y la persona inteligente no es necesariamente intelectual. Puedes conocer un agricultor tan inteligente que, a su lado, incluso un eminente profesor, un gran intelectual, parecerá insignificante.

En la Unión Soviética, después de la revolución cambiaron la ciudad de Petrogrado para construir una nueva ciudad que tomara su nombre de Lenin, Leningrado. Frente al imponente, maravilloso y antiguo castillo de Petrogrado había una roca enorme, que los zares nunca pensaron en quitar; no hacía falta. Ahora había llegado la era de los coches y aquella roca bloqueaba la carretera: había que quitarla.

Sin embargo, la roca era tan maravillosa que quisieron quitarla y guardarla como recuerdo, no quisieron destruirla ni dinamitarla. Pero lo único que se les ocurría a los ingenieros era dinamitarla o romperla en pedazos y luego reconstruirla. Lenin dijo:

–Eso no puede ser, no sería lo mismo. La roca es maravillosa, por eso los zares la han mantenido justo enfrente de su palacio.

Estando así las cosas, llegó un hombre, un pobre hombre

montado en su burro. Se quedó allí escuchando toda esta discusión; después se rió y reemprendió el camino. Lenin le dijo:

–Espera, ¿por qué te ríes?

Él contestó:

–Es una cuestión muy simple. No hay que hacer casi nada; sólo hay que cavar alrededor de la roca y la roca se asentará más profundamente en el agujero. Así, no destrozaréis la roca –la roca seguirá ahí– pero no le impedirá el paso a nadie. No hace falta dinamitarla ni destruirla.

Lenin les dijo a sus ingenieros:

–Vosotros sois ingenieros y arquitectos importantes pero lo que ha dicho este pobre hombre es más inteligente.

Y así se hizo. Se salvaron la roca y la carretera, pero la idea se le ocurrió a un pobre hombre que no era nadie.

Al conocer a miles de personas, he observado una cosa: la mayor parte de los intelectuales no son inteligentes porque no tienen que ser inteligentes. Su intelecto, su conocimiento, les bastan. Sin embargo, el hombre que no tiene conocimiento, ni intelecto ni educación, tiene que encontrar algo de inteligencia en sí mismo, no la puede buscar fuera. Y como depende de la inteligencia, su inteligencia aumenta.

De modo que la intuición tiene algo parecido al intelecto pero no es intelectual. Es inteligencia.

El funcionamiento del intelecto y de la inteligencia son completamente diferentes. El intelecto funciona por pasos, paso a paso. Tiene un procedimiento, una metodología. Si estás resolviendo un problema de matemáticas hay una serie de pasos que tienes que seguir.

En la India vivió una mujer, Shakuntala, que viajó por

todo el mundo, por casi todas las universidades, mostrando su intuición. No era una matemática, ni siquiera era una persona muy cultivada, sólo tenía el graduado escolar. Incluso cuando Albert Einstein vivía, hizo sus demostraciones enfrente de él. Y su demostración era muy rara. Se sentaba con una tiza en la mano enfrente de la pizarra; le podías preguntar cualquier cuestión de matemáticas o aritmética, que sin que hubieras terminado la pregunta, ella ya había empezado a escribir la respuesta.

Albert Einstein le dio un diploma que ella misma me enseñó cuando estuve en Madrás, donde vivía. Me enseñó todos sus diplomas y en el que le dio Albert Einstein pone: «Yo le planteé a esta mujer un problema que a mí me llevó tres horas resolver porque sigo un método. Yo no puedo saltar de un problema a la respuesta. Sé que nadie lo puede hacer en menos tiempo que yo, o sea en tres horas. A otros puede que les lleve seis horas o más, pero yo lo puedo hacer en tres horas porque ya lo he hecho antes. Pero hay que seguir todo el procedimiento. Si te saltas un solo paso...». Las cifras eran tan largas que la respuesta le ocupó toda la pizarra. Además, empezó a escribir la respuesta antes incluso de que terminara la pregunta.

Él estaba asombrado, totalmente asombrado porque era imposible. Le preguntó:

–¿Cómo lo haces?

Ella contestó:

–No sé cómo lo hago; simplemente lo hago. Tú me formulas la pregunta y los números empiezan a aparecer ante mis ojos, desde algún lugar dentro de mí. Puedo ver 1, 2, 3, y yo no hago más que escribir.

Esa mujer nació con la intuición activa. Pero siento

pena por ella porque se convirtió en una atracción de feria. A nadie le preocupa que una mujer que ha nacido con la intuición activa pueda iluminarse muy fácilmente. Está justo al borde; un paso más y habrá alcanzado la conciencia suprema. Sin embargo, ella no se da cuenta porque no es más que un engendro de la naturaleza.

Había otro chico, Shankaran, que se dedicaba a conducir un *rickshaw* en la ciudad. Había un profesor de matemáticas inglés que solía ir en su *rickshaw* a la universidad. Una o dos veces le ocurrió que, mientras estaba pensado en algún problema, el chico, simplemente le miró y le dijo: «La respuesta es ésta». El profesor no había dicho nada, sólo estaba pensando, y el chico iba conduciendo el *rickshaw*, sin embargo, le dijo: «La respuesta es ésta».

El profesor llegó a la universidad, siguió paso a paso todo el proceso y se quedó asombrado al ver que ésa era la respuesta. Después de que le ocurriera dos o tres veces, le preguntó al chico:

–¿Cómo lo haces?

Él le contestó:

–Yo no hago nada. Simplemente siento que estás sentado ahí detrás, preocupado y en mi mente empiezan a aparecer números. Yo no soy una persona muy culta pero al menos puedo entender los números. Veo muchos números en tu mente, justo detrás de mí –una fila, una línea– y, de repente, en mi mente aparecen unos cuantos números, así que te digo que ésa es la respuesta. No sé cómo ocurre.

El profesor envió a Shankaran a Oxford porque era aún mejor que Shakuntala. A ella había que formularle la pregunta y después ella escribía la respuesta; con Shankaran sólo tenías que visualizar el problema en tu mente y él escribía la respuesta. Su intuición era aún mayor, era capaz de ver tanto la pregunta como la respuesta: podía leer tu mente. Y era incluso más inculto, era un hombre tan pobre que se dedicaba a conducir un *rickshaw*. Se convirtió en un fenómeno en la historia de las matemáticas ya que pudo resolver muchas cuestiones que durante siglos no habían tenido respuesta, aunque no podía decir cómo las resolvía. Él daba la respuesta, pero ¿cómo podías saber si la respuesta era acertada o equivocada? Esto es algo que llevó muchos años. Cuando se desarrollaron más las matemáticas, pudieron solucionarse esas cuestiones. Shankaran ya había muerto pero sus respuestas eran correctas.

La intuición funciona en un salto cuántico. No tiene procedimiento metodológico, simplemente ve las cosas. Tiene ojos para ver.

> *La intuición funciona en un salto cuántico. No tiene procedimiento metodológico, simplemente ve las cosas. Tiene ojos para ver.*

Ve cosas en las que tú no habías pensado siquiera como cosas, por ejemplo, el amor. Nunca has pensado en él como si fuera una cosa. En cambio, un hombre intuitivo puede ver si hay amor en ti o no, si hay confianza en ti o no, si hay duda en ti o no. Puede ver estas cuestiones como si fueran cosas.

En mi opinión, la intuición ocupa el lugar más elevado. Allí es donde estoy tratando de llevarte.

Tu inconsciente sucio te está impidiendo llegar allí. Límpialo. La manera de limpiarlo es satisfacerlo, satisfacerlo de tal modo que empiece a decirte: «¡Por favor, para! Ya no me hace falta más». Sólo entonces deja de satisfacerlo. De ese modo, tu intelecto se llena con tal nuevo flujo de energía que se convierte en inteligencia. La energía sigue aumentando y abre las puertas de la intuición. Entonces eres capaz de ver cosas que no son visibles para los ojos físicos, cosas que ni siquiera son cosas.

El amor no es una cosa, la verdad no es una cosa, la confianza no es una cosa, pero son realidades mucho más reales que tus cosas. Pero son realidades sólo para la intuición, son existenciales. Una vez que tu intuición comienza a funcionar, eres por primera vez humano.

Con el inconsciente eres animal. Con la conciencia ya no eres animal. Con la supraconciencia eres humano.

Tu inconsciente sucio te está impidiendo llegar allí. Límpialo; la manera de limpiarlo es satisfacerlo, satisfacerlo de tal modo que empiece a decirte: «¡Por favor, para! Ya no me hace falta más». Sólo entonces deja de satisfacerlo.

A mí me gusta citar a un místico, Baul Chandidas, porque él condensó en una simple frase todo mi enfoque: «Sabar upar manus satya; tahar upar nahin». (Por encima de todo se encuentra la verdad del hombre, y, por encima de ella no hay nada más.)

Este hombre, Chandidas, debe de haber sido un verdadero religioso. Niega a Dios, niega que exista cualquier cosa por encima del florecimiento humano. *Sabar upar*, «por encima de todo, por encima de cualquier cosa». *Manus satya*, «la verdad del hombre». *Tahar upar nahin*, «y más allá, he viajado hasta muy lejos, no hay nada».

Una vez que logres que florezca todo tu potencial humano, habrás llegado a tu hogar.

OBSTÁCULOS PARA EL CONOCER

Conocer significa permanecer en silencio, en total silencio
de forma que puedas oír la pequeña y callada voz que hay en tu interior.
Conocer significa abandonar la mente.
Cuando estás totalmente callado,
inmóvil, cuando nada se mueve en ti,
la puerta se abre.
Tú eres parte de esta existencia misteriosa.
Llegas a conocerla al formar parte de ella,
al participar de ella.
Eso es el conocimiento.

Conocimiento

¿Cuál es la diferencia entre conocimiento y conocer? Según el diccionario no existe ninguna diferencia, pero según la existencia hay una gran diferencia. El conocimiento es teoría, conocer es experiencia. Conocer significa que abres los ojos y ves, conocimiento significa que hay alguien que ha abierto sus ojos y ha visto y habla sobre ello, y tú sólo te dedicas a acumular la información. El conocimiento es posible aunque seas ciego. El conocimiento es posible... Aunque no tengas ojos puedes aprender muchas cosas sobre la luz, pero es imposible que la conozcas si eres ciego. Sólo puedes conocer si tienes los ojos sanos, curados, si puedes ver. Conocer es realmente tu experiencia, el conocimiento es una pseudo-experiencia. El conocimiento es un insulto, una desgracia, un cáncer.

A través del conocimiento el hombre se separa del todo, el conocimiento crea una distancia. Si te encuentras una flor silvestre en la montaña, no sabes qué flor es; tu mente no tiene nada que decir sobre ella, hay sorpresa, hay misterio. La flor está ahí, tú estás ahí. La sorpresa no os separa, os une. Sin embargo, si sabes que es una rosa o un clavel o cualquier otra flor, el conocimiento os separa. La flor está ahí, tú estás ahí, pero no existe ningún puente; tú «sabes». El conocimiento crea una distancia.

Cuanto más conoces, mayor es la distancia; cuanto menos conoces, menor es la distancia. Y si te encuentras en un momento en el que no hay conocimiento, entonces, no hay distancia: estás unido.

Te enamoras de una mujer o de un hombre; el día en que te enamoras, no hay distancia. Sólo hay sorpresa, encanto, excitación, éxtasis, pero no hay conocimiento. No sabes quién es esa mujer. Sin conocimiento no hay nada que os divida, ahí radica la belleza de los primeros momentos del amor. Una vez que has vivido con la mujer –sólo durante veinticuatro horas– aparece el conocimiento. Ahora ya tienes algunas ideas sobre esa mujer: sabes quién es, tienes una imagen de ella. Veinticuatro horas han creado ya un pasado; esas veinticuatro horas han dejado una huella en la mente. Mira a la misma mujer, ya no existe el mismo misterio. Estás bajando la colina, has dejado atrás la cumbre.

El conocimiento es teoría, conocer es experiencia. Conocer significa que abres los ojos y ves, conocimiento significa que hay alguien que ha abierto sus ojos y ha visto y habla sobre ello, y tú sólo te dedicas a acumular la información.

Entender esto supone entender bastante. Entender que el conocimiento divide, que el conocimiento crea distancia, supone entender el secreto mismo de la meditación.

La meditación es un estado de no-conocimiento. La meditación es un espacio puro, imperturbado por el conocimiento. Sí, la historia bíblica es verdad: el hombre pecó por culpa del conocimiento, al comer el fruto del árbol del conocimiento. Ninguna otra escritura del mundo supera esto. Esta parábola es increíble, ninguna otra parábola ha alcanzado esa altura ni esa interiorización. Nos parece ilógico que el hombre peque por culpa del conocimiento. ¡Nos parece ilógico porque la lógica forma parte del conocimiento! Toda la lógica está al servicio del conocimiento; nos parece ilógico porque en la lógica está la verdadera causa del pecado del hombre.

El hombre que sea completamente lógico –totalmente cuerdo, siempre cuerdo, sin que nunca se permita nada ilógico en su vida– es un loco. La cordura necesita ser equilibrada con la locura; lo lógico necesita ser equilibrado con lo ilógico. Los opuestos se encuentran y se equilibran. El hombre que sólo es racional es irracional; se perderá muchas cosas. De hecho, se perderá todo lo bello y todo lo verdadero. Acumulará cosas triviales, su vida será una vida mundana. Será un hombre mundano.

El hombre que sea completamente lógico –totalmente cuerdo, siempre cuerdo, sin que nunca se permita nada ilógico en su vida– es un loco. La cordura necesita ser equilibrada con la locura; lo lógico necesita ser equilibrado con lo ilógico.

Esa parábola bíblica tiene una gran agudeza. ¿Por qué pecó el hombre por culpa del conocimiento? Porque el conocimiento crea distancia, porque el conocimiento crea «yo y tú», porque el conocimiento crea un sujeto y un objeto, el conocedor y lo conocido, el observador y lo observado. El conocimiento es básicamente esquizofrénico: crea una división que luego es imposible borrar.

Ésta es la razón por la que el hombre, a medida que es menos religioso, se ha convertido cada vez más en un hombre de conocimiento. Cuanto más erudito es un hombre menos posibilidades tiene de alcanzar el todo. Jesús está en lo cierto cuando dice: «Sólo los niños podrán entrar en el reino de los cielos». Sólo los niños... ¿qué es lo que posee un niño que tú ya no posees? El niño posee la cualidad del no-conocimiento, la inocencia. Mira lleno de asombro, sus ojos son totalmente transparentes. Mira profundamente pero no tiene prejuicios, no juzga, no tiene ideas preestablecidas. No proyecta, de ahí que llegue a conocer aquello que es. El niño conoce la verdad, tú sólo conoces la realidad mundana. Esa realidad que tú has creado a tu alrededor al proyectar, desear, pensar. La realidad es tu interpretación de la verdad.

> *El niño posee la cualidad del no-conocimiento, la inocencia. Él mira lleno de asombro, sus ojos son totalmente transparentes. Mira profundamente pero no tiene prejuicios, no juzga, no tiene ideas preestablecidas.*

La verdad es simplemente aquello que es; la realidad es aquello que tú has llegado a entender, es tu noción de la verdad. La realidad se compone de cosas separadas entre sí. La verdad consiste sólo en una única energía cósmica. La verdad consiste en una unidad, la realidad consiste en una multiplicidad. La realidad es una multitud, la verdad es integración.

J. Krishnamurti dijo: «Negar es el silencio». ¿Negar qué? Negar el conocimiento, negar la mente, negar ese constante ajetreo en tu interior... crear un espacio desocupado. Cuando estás desocupado, estás en armonía con el todo. Cuando estás ocupado has perdido la armonía. Por eso, cada vez que logras tener un momento de silencio hay una gran alegría. En ese momento la vida cobra importancia, en ese momento la vida cobra una grandeza que trasciende las palabras. En ese momento la vida es una danza. En ese momento, aunque llegue la muerte, será una danza y una celebración porque ese momento sólo es alegría. Ese momento es gozoso, dichoso.

Hay que negar el conocimiento, pero no porque yo lo diga, o porque lo diga J. Krishnamurti o porque lo diga Gautama Buda. Si lo niegas porque yo lo digo, estarás negando tu conocimiento y cualquier cosa que yo diga se convertirá en tu conocimiento en su lugar; lo sustituirás. En ese caso, cualquier cosa que yo diga se convertirá en tu conocimiento y te aferrarás a él. Abandonas los viejos ídolos y los sustituyes por otros nuevos, pero no será más que el mismo perro con distinto collar, nuevas ideas, nuevos pensamientos.

Entonces, ¿cómo puedes negar el conocimiento? No a través de otro conocimiento. No sustituyéndolo por otra cosa. Sólo observando el hecho de que el conocimiento crea distancia, sólo observando este hecho intensa, totalmente: eso es suficiente.

Esa intensidad es fuego, esa intensidad reducirá tu conocimiento a cenizas. Esa intensidad es suficiente. Esa intensidad es lo que se denomina interiorización. La interiorización hará arder tu conocimiento y no lo sustituirá por otro conocimiento. Entonces hay vacío, *shunyata*. Entonces hay una vaciedad porque no hay contenido: hay una verdad no perturbada, no falseada.

Tienes que ver lo que te estoy diciendo, no lo tienes que aprender. Cuando me escuches, no empieces a acumular conocimiento. No empieces a atesorar. El hecho de escucharme debería suponer un ejercicio de interiorización. Me deberías escuchar con intensidad, con totalidad, con toda la conciencia de la que fueras capaz. En esa misma conciencia verás un punto y la transformación es el hecho de que veas ese punto. No quiere decir que después tengas que hacer algo más: el hecho mismo de ver supone un cambio.

Si te hace falta hacer algún esfuerzo quiere decir que te has equivocado en algo. Si mañana vienes y me preguntas: «He entendido que el conocimiento es una amenaza, que el conocimiento crea distancia. Entonces, ¿cómo puedo abandonarlo?». Si me preguntas esto, querrá decir que te has equivocado en algo. Si hay un «cómo» quiere decir que estás confundido. No puede haber un «cómo» porque el «cómo» exige más conocimiento. El «cómo» exige métodos, técnicas, qué hay que hacer.

> *Me deberías escuchar con intensidad, con totalidad, con toda la conciencia de la que fueras capaz. En esa misma conciencia verás un punto y la transformación es el hecho de que veas ese punto.*

Es suficiente con la interiorización; no hay que ayudarla con ningún otro esfuerzo. Su fuego es más que suficiente para quemar todo el conocimiento que acumulas. Date cuenta del enfoque.

Escúchame, ven conmigo. Cuando me escuches, coge mi mano, dirígete al espacio al que te estoy intentando llevar y observa lo que te estoy diciendo. No discutas; no digas que sí, no digas que no; no asientas ni disientas. Solamente permanece conmigo en todo momento; de repente se producirá la interiorización. Si me escuchas atentamente... y con atención no quiero decir concentración, con atención sólo quiero decir que escuches siendo consciente, no con una mente aburrida; escuchas con inteligencia, estando vivo, abierto. Tú estás aquí, ahora, conmigo: eso es lo que quiero decir cuando digo atención. Tú no estás en ninguna otra parte. No estás comparando mentalmente lo que te digo con tus viejas ideas. No estás comparando en absoluto, no estás juzgando. No estás juzgando interiormente, en tu interior, si lo que estoy diciendo es verdadero o no, o en qué medida es verdadero.

Precisamente el otro día estaba hablando con un buscador. Tenía todas las cualidades del buscador pero estaba repleto de conocimiento. A medida que le hablaba sus ojos se llenaron de lágrimas. Su corazón se iba a abrir y en ese mismo momento apareció la mente y destruyó toda la belleza del momento. Se estaba dirigiendo hacia el lado del corazón e iba a abrirse pero en ese instante irrumpió su mente. Desaparecieron aquellas lágrimas que estaba a punto de derramar. Sus ojos se secaron. ¿Qué había pasado? Dije algo con lo que no estaba de acuerdo.

Estaba de acuerdo conmigo hasta un cierto punto. Entonces dije algo que iba contra la tradición judía, contra la Cábala, e inmediatamente cambió toda la energía. Me dijo: «Todo es correcto. Todo lo que estás diciendo es correcto pero no puedo estar de acuerdo con una cosa, con que Dios no tenga ningún objetivo, con que la existencia exista sin ningún objetivo. Porque la Cábala dice todo lo contrario: que la vida tiene un objetivo, que Dios tiene un objetivo, que nos está conduciendo hacia un determinado destino, que existe un destino».

Puede que no lo viera ni siquiera de esta manera, que se perdiera en ese momento porque apareció la comparación. ¿Qué tengo yo que ver con la Cábala? Cuando estés conmigo deja de lado todo tu conocimiento sobre la

Cábala, el yoga, el tantrismo, sobre esto y sobre lo de más allá. Cuando estés conmigo, estate conmigo. No quiero decir que estés de acuerdo conmigo, recuerda, no es una cuestión de estar o no estar de acuerdo.

Cuando contemplas una rosa, ¿estás de acuerdo o en desacuerdo con ella? Cuando contemplas un amanecer, ¿estás de acuerdo o estás en desacuerdo con él? Cuando contemplas la luna por la noche, ¡simplemente la contemplas! O la contemplas o no la contemplas, pero no tiene nada que ver con estar o no estar de acuerdo con ella.

No estoy tratando de convencerte de nada. No estoy tratando de convertirte a ninguna teoría, filosofía, dogma, a ninguna iglesia; no. Simplemente estoy compartiendo contigo lo que me ha ocurrido a mí y, si tú participas en ese compartir, también te puede ocurrir a ti. Es contagioso.

Cuando contemplas una rosa, ¿estás de acuerdo o en desacuerdo con ella? Cuando contemplas un amanecer, ¿estás de acuerdo o estás en desacuerdo con él?

La interiorización transforma.

Cuando te digo que el conocimiento es una amenaza puedes estar de acuerdo o en desacuerdo, entonces te estarás equivocando. Simplemente escucha, observa, penetra en todo el proceso del conocimiento. Podrás ver cómo el conocimiento crea una distancia, cómo el conocimiento se convierte en una barrera. Cómo el conocimiento se alza en medio, cómo el conocimiento sigue aumentando y aumentando la distancia. Cómo se pierde la inocencia por culpa del conocimiento; cómo la fascinación se destruye, se mutila, se mata, por culpa del conocimiento; cómo la vida se convierte en un asunto pesado y aburrido por culpa del conocimiento. Desaparece el misterio. Desaparece porque comienzas a pensar que sabes. Si sabes, ¿cómo va a haber misterio? El misterio sólo es posible cuando no sabes.

Además, recuerda: ¡el hombre no conoce nada! Todo lo que hemos acumulado es basura. Lo supremo sigue estando por encima de nuestro alcance. Todo lo que hemos acumulado han sido hechos; la verdad permanece intacta a nuestros esfuerzos. Ésa no es sólo la experiencia de Buda, Krishna, Krishnamurti y Ramana, ésa es incluso la experiencia de Edison, Newton y Albert Einstein. Ésa es la experiencia de poetas, pintores y bailarines. Todas las grandes inteligencias del mundo –ya sean místicos, poetas o científicos– están totalmente de acuerdo en una cosa: que cuanto más sabemos, más nos damos cuenta de que la vida es un misterio. Nuestro conocimiento no destruye ese misterio.

Todas las grandes inteligencias del mundo –ya sean místicos, poetas o científicos– están totalmente de acuerdo en una cosa: que cuanto más sabemos, más nos damos cuenta de que la vida es un misterio.

Sólo los tontos piensan que porque saben un poco la vida no tiene ningún misterio. Sólo las mentes mediocres se aferran al conocimiento; las mentes inteligentes permanecen por encima del conocimiento. Lo usan, evidentemente lo usan; es útil, es utilitario, pero saben muy bien que todo lo verdadero está oculto, permanece oculto. Podemos saber cada vez más cosas pero el misterio es inagotable.

Escucha con interiorización, con atención, con totalidad. Y en esa misma visión, verás algo. Esa visión te cambia; no preguntes cómo. Eso es lo que quiere decir Krishnamurti cuando dice: «Negar es silencio». La interiorización niega. Se niega algo y nada se pone en su lugar. Se destruye algo y no se pone nada en su lugar. Hay silencio porque hay espacio. Hay silencio porque se ha desechado lo viejo y no se ha sustituido por nada nuevo.

Buda denomina a este silencio *shunyata*. Ese silencio es el vacío, la vaciedad. En el mundo de la verdad sólo puede funcionar esa vaciedad.

El pensamiento no puede funcionar allí. El pensamiento sólo funciona en el mundo de las cosas porque el pensamiento también es una cosa, sutil pero también material. Por eso se puede escribir, transmitir, comunicar. Yo te puedo lanzar un pensamiento; tú lo puedes coger, lo puedes tener. Se puede tomar y dar, es transferible porque es una cosa. Es un fenómeno material.

> *El pensamiento sólo funciona en el mundo de las cosas porque el pensamiento también es una cosa, sutil pero también material. Yo te puedo lanzar un pensamiento; tú lo puedes coger, lo puedes tener. Se puede tomar y dar, es transferible porque es una cosa. Es un fenómeno material.*

El vacío no se puede dar, yo no te puedo transmitir el vacío. Puedes participar en él, te puedes mover en él pero nadie te lo puede dar. Es intransferible. En el mundo de la verdad sólo funciona el vacío.

La verdad se conoce sólo cuando no está presente la mente. Para conocer la verdad la mente tiene que parar, tiene que dejar de funcionar. Tiene que estarse quieta, callada, inmóvil.

El pensamiento no puede funcionar en la verdad pero la verdad puede funcionar a través de pensamientos. No puedes alcanzar la verdad pensando pero una vez que la has alcanzado puedes poner el pensamiento a su servicio. Eso es lo que yo hago, eso es lo que hizo Buda, eso es lo que han hecho todos los maestros. Lo que te estoy diciendo es un pensamiento pero detrás de ese pensamiento está el vacío. El vacío no se ha producido a través del pensamiento, ese vacío se encuentra más allá del pensamiento. El pensamiento no lo puede tocar, el pensamiento ni siquiera lo puede mirar.

¿Te has percatado del siguiente fenómeno? No puedes pensar en el vacío, no puedes convertir el vacío en un pensamiento. No puedes pensar sobre él, es impensable. Si pudieras pensar en él no sería vacío. El pensamiento tiene que desaparecer para que aparezca el vacío; nunca se encuentran. Una vez que llega el vacío, utiliza todos los medios para expresarse.

La interiorización es un estado de no-pensamiento. Siempre que ves algo, lo ves cuando no hay pensamiento.

La interiorización es un estado de no-pensamiento. Siempre que ves algo, lo ves cuando no hay pensamiento. Incluso aquí, cuando me escuchas, cuando estás conmigo, a veces *ves*, pero esos momentos son pausas, intervalos. Una vez que ha desparecido el conocimiento, no ha surgido otro conocimiento, entonces hay una pausa; y en esa pausa algo se mueve, algo comienza a vibrar. Es como alguien que esté tocando el tambor: el tambor está hueco por dentro, por eso se puede tocar. Ese vacío es lo que vibra. Ese maravilloso sonido que produce es resultado de ese vacío. Cuando tú *estés* sin ningún pensamiento, entonces será posible algo, inmediatamente posible. Entonces podrás ver lo que te estoy diciendo. Entonces ya no será únicamente algo que hayas oído, se convertirá en una intuición, una interiorización, una visión. Has visto a través de ello, lo has compartido conmigo.

La interiorización es un estado de no pensar, de ausencia de pensamiento. Es una pausa, un intervalo en el proceso de pensamiento, y en esa pausa se halla el atisbo, la verdad.

El proverbio que dice que «la mente ociosa es el taller del diablo» no es más que una tontería. La verdad es precisamente lo contrario: ¡la mente ocupada es el taller del diablo!

La palabra inglesa para «vacío», *empty*, proviene de una raíz que significa ocioso, desocupado. Es una palabra maravillosa si te fijas en su raíz. La raíz está llena de sentido: significa ocioso, desocupado. Siempre que estás desocupado, ocioso, estás vacío. Además, recuerda que el proverbio que dice que «la mente ociosa es el taller del diablo» no es más que una tontería. La verdad es precisamente lo contrario: ¡la mente ocupada es el taller del diablo! La mente vacía es el taller de Dios, no del diablo. Pero tienes que entender lo que quiero decir con «vacía», ociosa, relajada, sin tensiones, tranquila, sin deseo, sin moverse a ningún lado, estando simplemente ahí, completamente ahí. La mente vacía es una pura presencia. En esa pura presencia todo es posible porque toda la existencia surge de esa pura presencia.

Este árbol surge de esa pura presencia, las estrellas surgen de esa pura presencia; estamos aquí, todos los budas surgen de esa pura presencia. En esa pura presencia estás en Dios, tú *eres* Dios. Cuando estás ocupado, pecas; cuando estás ocupado, tienes que ser expulsado del Jardín del Edén. Cuando estás desocupado, vuelves al Jardín del Edén, cuando estás desocupado, vuelves al hogar.

Cuando la mente no está ocupada por la realidad –por cosas, por pensamientos– entonces hay aquello que es. Y aquello que es, es la verdad. Sólo en el vacío se puede producir un encuentro, una fusión. Sólo en el vacío te abres a la verdad y la verdad penetra en ti. Sólo en el vacío te colmas de verdad.

Éstos son los tres estados de la mente: el primero es el del contenido y la conciencia. Siempre tienes algún contenido en tu mente: un pensamiento que te ronda, un deseo incipiente, ira, avaricia, ambición. Siempre tienes algo en la mente, la mente nunca está desocupada. Siempre hay tráfico, día y noche. Está ahí cuando estás despierto y mientras duermes. Cuando estás despierto lo puedes llamar pensamiento, cuando duermes lo llamas sueño pero es el mismo proceso. El sueño es un poco más primitivo, eso es todo, porque piensa a través de imágenes. No utiliza conceptos, utiliza imágenes. Igual que en los libros de los niños tienen que poner dibujos grandes, muy coloridos, porque los niños piensan por medio de imágenes. Aprenden las palabras por medio de imágenes. Poco a poco esas imágenes se van haciendo más pequeñas y desaparecen.

El hombre primitivo también piensa a través de imágenes. Los lenguajes más antiguos utilizan pictogramas. El chino es un lenguaje que utiliza pictogramas: no tiene alfabeto. Es el lenguaje más antiguo. Por la noche tú vuelves a ser un primitivo, olvidas la sofisticación que te acompaña durante el día y empiezas a pensar en imágenes, pero es lo mismo.

El enfoque del psicoanálisis es valioso: observa tus sueños. Allí hay más verdad porque cuando sueñas eres más primitivo, no estás tratando de engañar a nadie, eres más auténtico. Durante el día tienes una personalidad bajo la que te ocultas, capas y más capas de personalidad. Es muy difícil descubrir al hombre verdadero. Tendrás que ahondar mucho, y esto es algo que duele, por lo que el hombre se resistirá. En cambio, por la noche, al igual que dejas a un lado tu ropa, dejas también de lado tu personalidad. No te hace falta porque no te vas a comunicar con nadie, estarás solo en la cama. Además no estarás en el mundo, estarás completamente inmerso en tu reino particular. No hay ninguna necesidad de ocultar ni de fingir. Por eso el psicoanalista trata de sumergirse en tus sueños, porque éstos muestran mucho más claramente quién eres. Sin embargo, no es más que el mismo perro con distinto collar; el perro no cambia. Ése es el estado habitual de la mente: mente y contenido, conciencia más contenido.

> *Hay más verdad en los sueños porque cuando sueñas eres más primitivo; no estás tratando de engañar a nadie, eres más auténtico. Durante el día tienes una personalidad bajo la que te ocultas, capas y más capas de personalidad.*

El segundo estado de la mente es la conciencia sin contenido; en eso consiste la meditación. Estás totalmente alerta y hay una pausa, un intervalo. No encuentras ningún pensamiento, delante de ti no hay ningún pensamiento. No estás dormido, estás despierto pero no hay pensamiento. Eso es la meditación. Al primer estado se le llama mente, al segundo estado se le llama meditación.

Hay un tercer estado. Cuando ha desaparecido todo contenido, desaparece el objeto, y el sujeto no puede permanecer mucho más tiempo ya que ambos coexisten. Se producen el uno al otro. Cuando el sujeto está solo, sólo puede quedarse un poco más de tiempo como consecuencia del eco del movimiento del pasado. La conciencia no puede quedarse más tiempo sin contenido; ya no será necesaria dado que una conciencia es siempre una conciencia *sobre* algo. Cuando dices «consciente», se puede preguntar, ¿de qué? Dices: «Soy consciente de...». Hace falta ese objeto, es imprescindible para que exista el sujeto. Una vez que ha desaparecido el objeto, muy pronto desaparecerá también el sujeto. En primer lugar desaparecen los contenidos, luego desaparece la conciencia.

El tercer estado se llama *samadhi,* sin contenido, sin conciencia. Pero ten presente que ese estado de no-contenido, de no-conciencia, no es un estado de inconciencia. Es un estado de supraconciencia, de conciencia trascendental. Ahora la conciencia sólo es consciente de sí misma. La conciencia se ha vuelto hacia sí misma: se ha completado el círculo. Has regresado a tu hogar. Éste es el tercer estado, *samadhi;* y ese tercer estado es lo que Buda quiere decir con *shunyata.*

En primer lugar abandona el contenido: te quedarás medio vacío. Después abandona la conciencia: te quedarás completamente vacío. Esta total vaciedad es lo más maravilloso que te puede ocurrir, la bendición más grande que puedes alcanzar.

Intelecto

Yo no estoy totalmente en contra del intelecto. Tiene su utilidad, aunque muy limitada, y debes entender sus limitaciones. Si trabajas como científico tendrás que utilizar tu intelecto. Es un mecanismo maravilloso pero solamente si permanece siendo un siervo y no se convierte en un señor. Cuando se convierte en un señor y tiene más poder que tú se vuelve peligroso. La mente como esclava de la conciencia es una sierva maravillosa; la mente como señora de la conciencia es una señora muy peligrosa.

> *Vuestra mente, vuestro proceso intelectual continúa queráis o no. No le importáis lo más mínimo –como si no existierais–, continúa funcionando; incluso cuando estáis dormidos continúa funcionando.*

No es más que una cuestión de énfasis. No estoy totalmente en contra del intelecto; yo mismo utilizo el intelecto, ¿cómo iba a estar en contra de él? Ahora mismo, mientras os hablo, lo estoy usando. Si no quiero utilizarlo, no tiene ningún poder sobre mí. Sin embargo, vuestro intelecto, vuestra mente, vuestro proceso intelectual continúa queráis o no. No le importáis lo más mínimo –como si no existierais–, continúa funcionando; incluso cuando estáis dormidos continúa funcionando. No os escucha. Ha permanecido en el poder durante mucho tiempo así que se ha olvidado totalmente de que sólo es un siervo.

Cuando sales a pasear utilizas las piernas. Pero cuando estás sentado no te hace falta seguir moviendo las piernas. Hay personas que me dicen: «Osho, llevas hablándonos dos horas sentado en la silla sin cambiar de postura. No mueves las piernas ni una vez». ¿Por qué tengo que moverme? ¡Si no estoy andando! Sin embargo, sé que vosotros aunque estéis sentados en vuestra silla no estáis realmente sentados. Estáis moviendo las piernas, cambiando de posición, de postura, haciendo mil cosas, agitándoos y moviéndoos, un puro nervio. Lo mismo ocurre con vuestra mente.

Soñáis sólo porque hay tanto trabajo que ha quedado sin hacer durante el día que la mente tiene que hacerlo. Es un trabajo extra que no habéis sido capaces de terminar durante el día.

Cuando me dirijo a vosotros utilizo la mente. En el momento en que dejo de hablaros, mi mente se para, ¡inmediatamente! Cuando no me estoy dirigiendo a vosotros mi mente no tiene necesidad de seguir trabajando, simplemente se queda callada. Debería ser así, debería ser algo natural. Cuando estoy dormido, no sueño; no me hace falta. Soñáis sólo porque hay tanto trabajo que ha quedado sin hacer durante el día que la mente tiene que hacerlo. Es un trabajo extra que no habéis sido capaces de terminar durante el día.

¿Cómo vais a ser capaces de terminar algo? Hacéis

mil cosas a la vez. Nunca termináis nada; todo se queda incompleto, y se queda incompleto para siempre. Os moriréis y no habréis completado nada. Ni siquiera habréis completado vuestro trabajo en una dirección porque no dejáis de correr en todas direcciones. Os habéis convertido en una multitud de fragmentos, no estáis integrados. La mente os arrastra en una dirección, el corazón os arrastra en otra, el cuerpo quiere que vayáis en otra dirección distinta, y no sabéis qué hacer, ¿a quién hacer caso? Además, tampoco hay una sola mente, tenéis muchas mentes: sois multipsíquicos, tenéis una multitud de mentes. No hay unidad, no hay armonía. No sois una orquesta, no estáis afinados. Cada uno va a su aire, nadie escucha a nadie, sólo crea ruido, no música.

Tu cabeza está muy bien sobre tus hombros. En cualquier otro lugar estaría mal.

El intelecto es bueno si está al servicio del todo. No hay nada que sea malo si está en su lugar y todo es malo si está en un lugar equivocado. La cabeza está muy bien sobre los hombros. En cualquier otro lugar estaría mal.

Si trabajas como científico, necesitas el intelecto. Si trabajas en la sociedad, necesitas el intelecto. Cuando te comunicas a través de palabras, cuando hablas con la gente, necesitas el intelecto. Pero su uso es muy limitado. Hay otras muchas cosas en las que el intelecto no hace ninguna falta. Sin embargo, éste sigue funcionando allí donde no hace falta: ahí radica el problema. El meditador usa su intelecto pero también usa su intuición, sabe que sus funciones son diferentes. Usa la cabeza pero también usa el corazón.

En Calcuta me solía hospedar en casa de un juez del Tribunal Supremo. Su mujer me dijo en una ocasión:

–Tú eres la única persona por la que mi marido tiene algún respeto. Si le dices algo te escuchará, pero no escuchará a nadie más. Yo lo he intentado por todos los medios pero sin ningún éxito. Por eso me dirijo a ti.

Yo le dije:

–¿Cuál es el problema?

Ella me contestó:

–El problema aumenta cada día. Durante las veinticuatro horas del día es juez. Incluso cuando está en la cama conmigo se comporta como un juez, y casi espera que me dirija a él como «Su Señoría». Se comporta con los niños como si fueran criminales. ¡Con todo el mundo! Ya estamos cansados. Nunca se baja de su estrado. Sigue interpretando su papel continuamente, nunca se le olvida: se le ha grabado en la cabeza.

La mujer tenía razón; tuve oportunidad de conocer a su marido. Es bueno ser juez cuando estás en un tribunal, pero cuando dejas el tribunal... Sin embargo, él era juez hasta en su propia casa, se comportaba de la misma forma con su mujer, con sus hijos, con todo el mundo. La mujer le tenía miedo, los niños le tenían miedo. En cuanto entraba en la casa todo el mundo tenía miedo. Justo antes de que entrara en casa los niños estaban felices jugando, divirtiéndose. De repente, dejaban de jugar, la mujer se ponía seria. La casa se convertía inmediatamente en el juzgado.

Esto es lo que les ocurre a millones de personas: siguen siendo las mismas, se llevan el trabajo a casa.

Necesitas el intelecto. La cabeza tiene su propia función, su propia belleza, pero tiene que estar en su lugar. Hay cosas muchísimo más grandes que están fuera del alcance de la cabeza, y cuando te estás dirigiendo hacia esos terrenos deberías dejar la cabeza a un lado. Deberías ser capaz de hacerlo. Eso significa flexibilidad. Eso significa inteligencia.

Además, ten presente no confundir nunca entre intelecto e inteligencia. El intelecto no es más que una parte de la inteligencia. La inteligencia es un fenómeno mucho más amplio: abarca mucho más que el intelecto porque la vida no es sólo intelectual, la vida también es intuitiva. La inteligencia abarca la intuición. Hay muchos grandes descubrimientos que han sido realizados no por el intelecto sino por la intuición. De hecho, todos los grandes descubrimientos han sido realizados por la intuición.

Hay cosas muchísimo más grandes que están fuera del alcance de la cabeza, y cuando te estás dirigiendo hacia esos terrenos deberías dejar la cabeza a un lado. Deberías ser capaz de hacerlo. Eso significa flexibilidad. Eso significa inteligencia.

Existe algo mucho más profundo en ti. No deberías olvidarlo. El intelecto no es el centro de tu ser, no es más que la periferia, la circunferencia. El centro de tu ser es la intuición.

Cuando dejas a un lado el intelecto, cuando dejas a un lado la cabeza, empieza a funcionar algo mucho más profundo que desde la periferia es incomprensible. Empieza a funcionar tu centro, que siempre está en armonía con el todo. Tu circunferencia es tu ego, tu centro está en armonía con el tao. Tu centro no es tuyo, no es mío: el centro es universal. Las circunferencias son personales –tu circunferencia es tu circunferencia, mi circunferencia es mi circunferencia–, en cambio, mi centro y tu centro no son dos cosas: todos nos encontramos y somos uno en el centro.

Por eso los místicos llegan a conocer la unidad de la existencia: porque depende de la intuición. La ciencia sigue dividiendo, fragmentando; llega a las partículas más minúsculas. El mundo se convierte en una multiplicidad, deja de ser un universo.

De hecho, los científicos deberían dejar de utilizar la palabra *universo* y empezar a usar una nueva palabra, *multiverso*. «Universo» tiene un sentido místico; «universo» quiere decir uno. El místico alcanza la unidad; ésa es la experiencia del centro. Sin embargo, el centro sólo puede funcionar si abandonas la circunferencia para ir al centro. Tienes que dar un salto cuántico.

Imaginación

La facultad de la intuición y la facultad de crear tu propia realidad no sólo son diferentes sino diametralmente opuestas. La intuición sólo es un espejo. Tú no creas nada, la intuición sólo está reflejando. Refleja aquello que hay. Es pura, silenciosa, como agua cristalina que reflejara las estrellas y la luna. Tú no creas nada. Es la claridad que en Oriente han llamado el tercer ojo. Los ojos no crean nada, solamente te informan de lo que hay.

> *La intuición sólo es un espejo. Tú no creas nada, la intuición sólo está reflejando. Refleja aquello que hay.*

A la capacidad de crear una realidad propia se la llama imaginación; esta facultad la posee el sueño. Por la noche creas muchas cosas en tus sueños. Además, lo más curioso es que durante toda tu vida has soñado por las noches y siempre te has dado cuenta por la mañana de que era un sueño, de que no era real. Pero cuando por la noche te quedas otra vez dormido y tu imaginación empieza a extender sus alas, no tienes ninguna duda, aceptas esa realidad sin la menor duda.

Esa facultad de la imaginación puede funcionar también de distintas formas. Creas tus sueños, que sabes que no son reales. Sin embargo, cuando llegan y estás rodeado por ellos, te parecen totalmente reales, más reales que el mundo real. Porque en el mundo real de vez en cuando puedes sospechar, puedes dudar. Por ejemplo, ahora mismo puedes dudar si lo que estás viendo o estás escuchando aquí es real o te has quedado dormido y estás soñando. Puede que sea un sueño. Sólo lo sabrás cuando te despiertes.

Ésa es la única diferencia que existe: en la realidad, puedes dudar –«podría ser un sueño»– pero en un sueño no puedes plantearte si es un sueño. Ésa es la única diferencia entre el sueño y la realidad. La realidad te permite razonar, la imaginación no te permite razonar.

> *En la realidad, puedes dudar –«podría ser un sueño»– pero en un sueño no puedes plantearte si es un sueño. Ésa es la única diferencia entre el sueño y la realidad.*

La misma facultad puede crear sueños durante el día: estás sentado en silencio, sin hacer nada, y frente a tus ojos se empieza a vislumbrar un sueño; estás despierto pero empiezas a pensar que eres el presidente de tu país. Como estás despierto, hay algo dentro de ti que sabe que no es más que una idea ridícula; pero a pesar de ello, es una idea tan apetecible que sigues soñando que te has convertido en un conquistador de mundo o en el hombre más rico del mundo. Estás despierto pero estás soñando. Si esta situación se acentúa te vuelves loco. Sólo tienes que ir a cualquier manicomio, a cualquier hospital psiquiátrico, y te asombrará ver cuánta gente vive en su propio mundo, hablando con gente que no está ahí presente, y no sólo hablando, sino también respondiendo en nombre de esas personas; y no tienen la menor duda, el menor escepticismo.

La imaginación puede crear una cierta locura si se empieza a creer sus propios sueños, puede producir alucinaciones. Para mí, aquellos a los que llamáis santos, los grandes líderes religiosos que han visto a Dios, que han encontrado a Dios, que han hablado con Dios, están dentro de esta categoría. Su dios no es más que una imaginación suya.

La imaginación puede crear una cierta locura si se empieza a creer sus propios sueños, puede producir alucinaciones. Para mí, aquellos a los que llamáis santos, los grandes líderes religiosos que han visto a Dios, que se han encontrado a Dios, que han hablado con Dios, están dentro de esta categoría.

Existe un método para comprobarlo. Necesitas al menos tres semanas y tienes que hacer dos cosas para preparar el terreno para que se produzcan alucinaciones. Después puedes ver a Jesucristo frente a ti, o a Gautama Buda y, si queréis, podéis charlar un rato. Puedes hacer preguntas y se te responderán; aunque nadie más se dará cuenta de que hay alguien ahí, pero ése es su problema. No tienen el suficiente nivel espiritual para poder ver lo invisible. Hacen falta dos cosas básicas: una de ellas es ayunar durante tres semanas. Cuanto más hambriento estés menos funcionará tu inteligencia, porque la inteligencia necesita continuamente un aporte vitamínico; si no lo tiene se empieza a debilitar. Al cabo de tres semanas deja de funcionar. Así que la primera cosa consiste en adormecer el intelecto. Ésta es la razón por la que todas las religiones prescriben el ayuno como una disciplina verdaderamente religiosa. Pero la idea que subyace tras esto es que después de tres semanas tu inteligencia se empieza a adormecer. Entonces, la imaginación puede funcionar perfectamente; nadie lo duda.

El segundo requisito es la soledad; retírate a una montaña, a un bosque, a una cueva donde estés completamente solo. El hombre ha crecido dentro de la sociedad, siempre ha vivido con gente. Está hablando durante todo el día: bla-bla-bla, bla-bla-bla.

Por la noche habla en sueños y por el día empieza a hablar con gente hasta que se va a dormir. Si no hay nadie con quien hablar, empieza a rezarle a Dios. Eso es hablar con Dios, una manera respetable de estar loco.

En tres semanas... Después de la segunda semana, uno empieza a hablar en voz alta. Después de la primera semana, uno empieza a hablar consigo mismo aunque sabe que nadie debe oírlo porque pensarían que está loco. Sin embargo, al final de la segunda semana desaparece ese temor porque la inteligencia se va adormeciendo. Hacia la segunda semana empieza a hablar en voz alta. Hacia la tercera semana, empieza a ver a la persona que quería encontrar: Jesucristo, Krishna, Mahavira, Gautama Buda, un amigo que murió o cualquier otra persona. Después de tres semanas es capaz de visualizar a esa persona tan claramente que su realidad cotidiana parece palidecer. De ahí que las religiones hayan apoyado estas dos estrategias: el ayuno y el aislamiento. Ésa es la manera, la manera científica de vivir una experiencia alucinatoria.

Puedes crear tu propia realidad: puedes vivir con Jesucristo otra vez, puedes tener una buena charla con Gautama Buda, puedes preguntar cosas y obtener respuestas aunque serás tú el que haga ambas cosas. Sin embargo, se ha descubierto que cuando hagas las preguntas tu voz será una pero cuando respondas tu voz será diferente. Evidentemente, esto es algo que ocurre en todos los psiquiátricos: la gente se dedica a hablar con las paredes.

Hay que investigar la historia de los santos que han experimentado a Dios, que han hablado con Dios, desde un enfoque más psicológico. No difieren de los locos. Todas esas pretensiones, esas declaraciones de que son el único hijo de Dios, de que son el único profeta de Dios, de que son la única reencarnación de Dios, no son nada más que afirmaciones de locos.

Te quedarías realmente asombrado si te dieras cuenta de que esas personas vivieron inmersos en alucinaciones; crearon su propia realidad alrededor de sí mismos. Sus dioses no son más que un producto de su imaginación, sus mensajes provienen de su propia mente, las escrituras que dejaron las escribieron ellos mismos. No hay ningún libro que haya escrito Dios porque yo los he estudiado todos; ni siquiera se merecen el nombre de buena literatura, así que ¡para qué hablar de su santidad! Son literatura de tercera categoría pero la gente los ha adorado.

Toda la historia del hombre se puede resumir en una frase: la historia de la histeria. Todos esos santos y sabios no son más que histéricos. Sólo hay unos cuantos que hayan abandonado la imaginación, que hayan abandonado toda la mente y sus facultades, pero esos pocos no han experimentado a Dios.

Buda nunca vio a ningún dios. Sólo experimentó un gran silencio, experimentó una gran alegría que duró cuarenta y dos años después de su iluminación. Su iluminación no es una ficción porque las ficciones no pueden durar tanto tiempo; los sueños no pueden transformar la vida de un hombre. Después de su iluminación era un hombre nuevo. Su alegría permaneció con él igual que su respiración. No hablaba de dioses, no hablaba del cielo y del infierno, no hablaba de ángeles. No vio nada de eso. Esas cosas hay que crearlas primero, tienes que prepararte de una cierta manera de modo que puedas ver todo aquello que quieres ver. Si una persona se muere por ver a Jesucristo hará cualquier cosa para conseguirlo: ayunar, aislarse, retirarse a un monasterio...

Hay un monasterio en el monte Athos, en Europa, que quizá sea el monasterio más antiguo de Europa; tiene mil años. La regla del monasterio es que sólo puedes entrar en él, no puedes volver a salir. Hay cerca de diez mil monjes en el monasterio. Sólo cuando mueren... entonces ponen sus cuerpos en un agujero y otros cristianos que se encuentran fuera –que no son monjes– los entierran. Sin embargo, los monjes que están dentro no pueden ni siquiera salir para acompañar el cadáver.

¿A qué se dedican estas personas? Sólo a cantar el Ave María. El monasterio está dedicado a la madre de Jesús, María. Lo único que hacen en todo el día es cantar el Ave María. Ayunando, aislados, alejados del mundo... en poco tiempo sufren alucinaciones de que María les va a visitar. Cada uno tiene su propia celda, viven solos, separados de los demás. No se les permite hablar a los demás, sólo al abad. Durante mil años, no se ha permitido el paso a ninguna mujer, ni siquiera a un bebé de seis meses. Esos monjes están sentados sobre un volcán de energía sexual reprimida.

Esta energía sexual es también muy útil para producir

alucinaciones. Todo el mundo sabe que los jóvenes comienzan a tener alucinaciones sobre chicas y las chicas empiezan a tener alucinaciones con los chicos. Sus sueños se van haciendo cada vez más sexuales; el sexo se convierte en el factor predominante en sus mentes. Dado que estos monjes han reprimido su sexualidad y están ayunando, viviendo aislados, pensando sólo en Jesucristo o en María, naturalmente empiezan a alucinar. Además, aquellos que empiezan a alucinar son más respetados, más reverenciados. El mayor loco del monasterio se convierte en el abad.

No tienes que crear tu propia realidad, sólo tienes que limpiar tus sentidos para sentir la realidad y su belleza psicodélica, su colorido, su frescura, su viveza.

Hay muchas cosas que se pueden hacer para sacar a estas personas de esas casas de locos llamadas monasterios o conventos, para devolverlos a la cordura, para devolverlos al mundo de la realidad y no de los sueños. No tienes que crear tu propia realidad, sólo tienes que limpiar tus sentidos para sentir la realidad y su belleza psicodélica, su colorido, su frescura, su viveza.

Y tienes que descubrir la realidad dentro de ti, no crearla, porque todo lo que es creado por ti no es más que imaginación. Sólo tienes que profundizar, en silencio, y observar; simplemente estar alerta y consciente, de modo que puedas ver todo lo que es real. Aquellos que han visto la realidad dicen que experimentarás un gran silencio, una gran alegría, una dicha infinita, la inmortalidad; en cambio, no verás ningún dios ni ningún ángel. Para ver esas cosas hay que crearlas primero.

Intuición, imaginación, intelecto: todas estas cosas deben ser trascendidas. Tienes que llegar a un punto que está más allá de tu mente: una profunda serenidad, una frescura y una calma que son tu verdadera naturaleza, que son tu naturaleza búdica. Eso es lo que eres, ésa es la materia de la que estás hecho, ésa es la materia de la que está hecho todo el universo. Podemos llamarlo conciencia universal o podemos llamarlo divinidad universal; cualquier nombre vale. Pero recuerda, hay millones de personas que se han engañado a sí mismos con la imaginación. Es algo muy fácil, muy sencillo: no tienes más que seguir unos pasos determinados y podrás crear una realidad.

> *Intuición, imaginación, intelecto; todas estas cosas deben ser trascendidas: Tienes que llegar a un punto que está más allá de tu mente: una profunda serenidad; una frescura y una calma que es tu verdadera naturaleza, que es tu naturaleza búdica. Eso es lo que eres, ésa es la materia de la que estás hecho.*

Una vez, estaba en casa de un amigo. En la India tenemos un festival sagrado en el que la gente toma algo parecido a la marihuana que se llama *bhang*. El amigo con el que estaba era también profesor en la misma universidad en la que yo daba clases; un hombre muy sencillo y muy bueno. Yo le dije: «No hagas esa imbecilidad». Pero él se fue a ver a unos amigos y éstos se las arreglaron para darle algunos dulces que estaban llenos de marihuana, y bebidas que también tenían marihuana. A medianoche todavía no había vuelto a casa. Tuve que salir a buscarlo; ¿qué pasaba? Estaba desnudo, rodeado por un montón de gente, gritando obscenidades, y la gente le estaba tirando piedras.

Yo no me podía imaginar qué había pasado. Hice que la gente dejara de arrojarle piedras. Les dije:

–Yo le conozco. Creo que ha tomado alguna droga.

Le vestí como pude ya que no se dejaba. Le ponía los pantalones y se los volvía a quitar y salía corriendo.

Yo no conocía esa ciudad pero él sí la conocía muy bien. Le seguí durante unos minutos a través de las callejuelas, y después lo perdí. Por la mañana me llamó la policía diciéndome que tenían a mi amigo, así que fui a la cárcel. Para entonces había recuperado algo de su sentido común, aunque tenía resaca. Sin embargo, me reconoció y me dijo:

–Siento no haberte hecho caso.

Tenía heridas porque la gente le había tirado piedras.

Me lo llevé de vuelta a casa y desde ese día tuvo mucho miedo a la policía ya que ésta le debió de pegar. De lo contrario no hubiera estado vestido, y además se debió de comportar mal con ellos. Se apoderó de él tal miedo, tal paranoia, que la vida se hizo difícil. Por la noche, había un policía que cuidaba la calle, en cuanto oía sus botas, mi amigo pegaba un salto y se metía debajo de la cama. Yo le decía:

–Balram –así es como se llamaba–, ¿qué haces?

Él me decía:

–Calla, que viene la policía.

Le tuve que pedir al director que le diera quince días de vacaciones para que pudiera descansar porque era muy difícil llevarlo a la universidad. Sospechaba de todo. Si veía a dos personas hablando en una esquina me decía:

–Mira, están conspirando. Te digo que al final me cogerán, me llevarán a la cárcel y me pegarán. ¡Haz algo!

Si pasaba un coche de policía decía:

–¡Dios mío! Ya vienen por mí.

Yo hice todo lo posible por mostrarle que no era más que miedo. Al principio podía entenderlo pero al final ya era demasiado. No me escuchaba ni tampoco dormía ni me dejaba dormir a mí. Finalmente, tuve que dirigirme al inspector de policía y contarle toda la historia. Le dije:

–Necesito que me ayude. Este hombre es muy buena persona, es inocente, no ha cometido ningún crimen, sólo ha tomado marihuana. No sé qué más había en los dulces y las bebidas que tomó. La policía le debió de pegar, de lo contrario no se habría puesto la ropa, porque yo intenté vestirlo y salió corriendo.

Él me contestó:

–¿Cómo puedo ayudarle?

Yo le contesté:

–Tiene que venir con una denuncia porque no para de decir: «Tienen una denuncia contra mí y están esperando el momento justo para arrestarme». Así que venga usted con una denuncia, esposas y una orden de arresto, cualquier papel. En cuanto él le vea a usted perderá su cordura. Tiene que venir por la noche, tiene que arrestarlo por la noche. Entonces yo le convenceré a usted, le daré cinco mil rupias para que deje al pobre muchacho tranquilo. Usted, aunque en un principio se mostrará bastante reluctante a hacerlo, finalmente lo dejará marchar y, entonces yo le pediré que queme la denuncia. Usted quemará la denuncia y cuando se esté yendo, me dirá, de modo que él le pueda oír: «Ya no hay ningún problema porque he quemado la denuncia y ya no hay ningún cargo contra él en manos de la policía». Después me devolverá usted las cinco mil rupias.

El hombre era muy amable. Me dijo:

–Iré.

Vino por la noche, y en cuanto mi amigo lo vio se escondió debajo de la cama. El inspector lo tuvo que sacar de ahí y entonces mi amigo dijo:

–Ves, ya te había dicho que vendrían... aquí está, y tiene la denuncia.

El inspector me dio la orden de arresto y dijo:

–Debo arrestarlo. –Y le puso las esposas.

Yo traté de persuadirlo pero me dijo:

–Yo no puedo hacer nada. Tendrá que pasar al menos cinco años en la cárcel.

Entonces Balram me miró y me dijo:

–Haz algo, de lo contrario, estoy perdido.

Así que le di cinco mil rupias al inspector y le dije:

–Es un buen hombre. Por favor, déjelo marchar. Si vuelve a cometer algún delito, entonces yo seré el primero en llevarlo a la policía. Pero éste es su primer delito y lo cometió drogado.

Con mucha dificultad conseguí convencer al inspector de que quemara la denuncia; la quemamos. Le quitó las esposas y me dijo:

–Está bien, si vuelve a cometer algún delito ya no habrá perdón posible. Ahora mismo la denuncia que había contra él no es más que cenizas. Ahora la policía ya no puede arrestarlo.

Desde ese día, Balram se volvió a comportar con normalidad.

Al día siguiente tuve que ir otra vez a la comisaría para volver a coger las cinco mil rupias. El hombre fue realmente honrado. Se podía haber negado a darme el dinero, sin embargo me lo devolvió y me preguntó cómo estaba mi amigo.

Yo le contesté:

–Está totalmente recuperado. Ahora, aunque ve a un policía pasar, le da igual. Le he dicho un par de veces: «Ahí hay un policía». Y me ha respondido: «Me da igual. Han quemado la denuncia».

Mi amigo había creado una alucinación en torno a sí mismo. Las llamadas religiones viven inmersas en ese tipo de alucinaciones. Te sorprenderá saber que las escrituras más antiguas hindúes hablan de un tipo de droga, llamada *somras*, que solía encontrarse en el Himalaya, y quizá todavía se pueda conseguir pero no sabemos reconocerla. Entre los religiosos, era una práctica habitual beber *somras*.

Uno de los hombres más inteligentes del siglo XX, Aldous Huxley, quedó muy impresionado cuando se descubrió el LSD; fue uno de los primeros promotores del LSD. Creía que con el LSD uno podía tener las mismas experiencias espirituales que Gautama Buda, Kabir, Nanak. Pensando en el *somras* de los Vedas, en su libro *Cielo e infierno*, creía que en el futuro la droga suprema sería creada por la ciencia, sería sintética. Su nombre haría referencia a la droga usada por aquellos religiosos, el *somras*. Se llamaría *soma*.

En la India, desde los tiempos del Ṛg Veda, los *sannyasin* hindúes, los religiosos, han tomado drogas para poder experimentar a sus dioses imaginarios. Hasta tal punto que me he encontrado un seguidor de Kabir... sus seguidores no paran de consumir todo tipo de drogas hasta que se hacen inmunes. Entonces cogen a las cobras y hacen que éstas les muerdan en la lengua. ¡Esto es lo único que les produce una auténtica experiencia religiosa! Yo he visitado uno de esos monasterios de seguidores de Kabir donde tienen grandes cobras, cobras muy peligrosas;

si te muerden una sola vez, ya te puedes despedir, no hay cura posible. Sin embargo, esos monjes lo necesitan porque ya no les hace efecto ninguna otra droga.

No es una mera coincidencia el hecho de que, en Occidente, las nuevas generaciones se hayan visto interesadas a la vez por dos cosas: por las drogas y por Oriente. Vienen a Oriente para tratar de experimentar algo más allá de lo ordinario, del mundo normal del que ya están hartos. Ya no les interesa el sexo, ya no les parece interesante el alcohol, de modo que empiezan a venir a Oriente para descubrir alguna técnica para crear una realidad. En la mayoría de los *ashrams* de Oriente encontrarán técnicas que estimulen su imaginación. Son un tipo sutil de droga.

Tú puedes crear una realidad a través de las drogas pero sólo durará unas horas, después tendrás que volver a tomar esa droga. Además, cada vez tendrás que tomar una cantidad mayor porque te irás inmunizando.

En Occidente, muchas personas se han dedicado a tomar drogas. Ahora hay miles de jóvenes –chicos y chicas– sufriendo en las cárceles de Europa y América por consumo de drogas.

Yo personalmente lo veo desde otro punto de vista. Lo veo como el principio de una búsqueda de algo más allá de lo cotidiano, aunque están enfocando esa búsqueda en una dirección equivocada. Las drogas no les proporcionarán la realidad. Tú puedes crear una realidad a través de las drogas pero sólo durará unas horas, después tendrás que volver a tomar esa droga. Además, cada vez tendrás que tomar una cantidad mayor porque te irás inmunizando.

Este interés por las drogas, que no se había dado nunca antes, se ha acentuado incluso entre los más jóvenes. Les da igual que los encarcelen; cuando salen, vuelven a tomar drogas. De hecho, si tienen dinero, consiguen incluso obtener drogas en la cárcel, de los directores o de los funcionarios de la cárcel; sólo necesitan darles dinero.

En cambio, yo no veo en ello una mala señal sino, simplemente, una generación mal encauzada. La intención es buena pero no tienen a nadie para decirles que las drogas no saciarán sus deseos ni sus anhelos. Únicamente la meditación, el silencio, la trascendencia de la mente te proporcionarán satisfacción y plenitud.

Sin embargo, no se les puede condenar de la manera en que se les está condenando y castigando. La responsable de esto es la generación anterior, porque no les ha proporcionado alternativas.

Una realidad creada es falsa, es un sueño; puede que sea un dulce sueño, pero no deja de ser un sueño.

Yo propongo la única alternativa: a medida que te vas volviendo más meditativo ya no necesitas nada más. Ya no necesitas crear una realidad porque comienzas a ver la realidad en sí misma. Una realidad creada es falsa, es un sueño; puede que sea un dulce sueño, pero no deja de ser un sueño. Su sed es justa, pero se mueven sin rumbo. Sus líderes religiosos, sus líderes políticos, sus gobiernos y sus instituciones educativas son incapaces de dirigirlos por el camino adecuado.

Yo veo en esto el síntoma de una gran búsqueda que tiene que ser bien recibida. Sólo hace falta enfocarla correctamente; esto es algo que las viejas religiones no pueden hacer, que la vieja sociedad es incapaz de conseguir. Necesitamos urgentemente el nacimiento de una nueva humanidad. Necesitamos urgentemente cambiar esta enfermedad y esta fealdad que están destruyendo a muchísimas personas en todo el mundo.

Todo el mundo necesita conocerse a sí mismo, conocer su propia realidad. Es bueno que haya surgido este deseo. Tarde o temprano, seremos capaces de dirigir a los jóvenes en la dirección adecuada. Las personas que se han convertido en *sannyasins* han probado todo tipo de drogas. En cuanto se convirtieron en *sannyasin* y empezaron a meditar desaparecieron todas las drogas poco a poco. Ya no las necesitan. No hace falta ningún castigo, ninguna cárcel, sólo una dirección adecuada; además, la realidad te proporciona tal plenitud, tal bendición, que no puedes esperar más.

La existencia te proporciona riqueza del ser, de amor, de paz, de verdad, con tal abundancia que ya no puedes pedir más. No puedes siquiera imaginar más.

Política

El mundo de la política funciona básicamente a un nivel instintivo. Pertenece a la ley de la jungla: el poder es lo correcto. Además, las personas que se interesan por la política son las más mediocres. La política no requiere ninguna cualidad especial excepto un profundo complejo de inferioridad.

La política se puede resumir en una máxima matemática: la política significa voluntad de poder.

Friedrich Nietzsche incluso ha escrito un libro: *En torno a la voluntad de poder*. Es algo muy importante, ya que el deseo de poder se expresa de muchas maneras. De modo que, por política, no tienes que entender simplemente lo que solemos llamar «política». Siempre que haya alguien que esté intentando tener poder, eso es política. Da igual que tenga que ver con el Estado, con el gobierno o con cosas por el estilo.

Para mí, el mundo de la política abarca mucho más de lo que normalmente entendemos. El hombre ha utilizado a lo largo de toda la historia una estrategia política contra las mujeres: que ella es inferior a él. E incluso ha convencido a la mujer. Había razones ante las que la mujer se sentía impotente y tuvo que asentir ante esta horrible idea, que es totalmente absurda. La mujer ni es inferior al hombre ni es superior. Son dos tipos diferentes de humanidad, no se pueden comparar. Es estúpido compararlos y si empiezas a compararlos tendrás problemas.

¿Por qué en el mundo entero el hombre ha proclamado como inferior a la mujer? Porque era la única manera de mantenerla atada, de convertirla en una esclava. Así era más fácil. Si fuera una igual, habría problemas: había que convencerla de que era inferior. La razón argüida era que tenía menos fuerza muscular, que tenía una menor estatura, que no ha creado ninguna filosofía, ninguna teología, que no ha fundado ninguna religión, que no ha habido mujeres artistas, músicos, pintoras importantes: todo esto demuestra que no es suficientemente inteligente, que no es una intelectual. No le preocupan los problemas de la vida, sus intereses son muy limitados: no es más que un ama de casa.

> *La mujer ni es inferior al hombre ni es superior. Son dos tipos diferentes de humanidad, no se pueden comparar. Es estúpido compararlos y si empiezas a compararlos tendrás problemas.*

Si utilizas ese razonamiento puedes convencer fácilmente a la mujer de que es inferior. Pero es un razonamiento muy astuto. Se puede utilizar para comparar otras cosas. La mujer puede dar a luz a un niño, el hombre no. Éste es decididamente inferior: él no puede ser madre. La naturaleza, consciente de que era inferior, no le ha concedido esa gran responsabilidad. Las responsabilidades recaen en aquel que es superior. La naturaleza no le ha dado un útero. De hecho, su función en el nacimiento de un niño se reduce a una mera inyección; un uso muy concreto.

La madre tiene que llevar al niño en su vientre durante nueve meses y soportar todas las molestias que esto conlleva. ¡No es un trabajo fácil! Después dar a luz al niño... ésta es una experiencia parecida a la muerte. Después está ocupada criando al niño durante años; además, antiguamente daba a luz muy a menudo. ¿Qué tiempo le quedaba para ser un gran músico, una poetisa, una pintora? ¿Le has dejado algún tiempo libre? Siempre estaba o bien dando a luz, o bien criando a los hijos a los que había dado a luz. Ella cuidaba de la casa para que tú pudieras dedicarte a contemplar cosas más elevadas.

Sólo por un día, durante veinticuatro horas, cambia tu trabajo. Permite que ella contemple, cree poesía o música, y durante veinticuatro horas tú te dedicarás al cuidado de los niños, de la cocina, de la casa. ¡Entonces verás quién es superior! Veinticuatro horas serán suficientes para probarte que cuidar de tantos niños es como estar en un manicomio. No son tan inocentes como parecen. Son la cosa más traviesa que puedas imaginar y no paran de hacer travesuras. No te dejan en paz ni un momento, reclaman continuamente tu atención, llaman la atención continuamente; quizá sea una necesidad natural. La atención es una especie de alimento.

Con un solo día de cocinar para la familia y los invitados te darás cuenta de que en veinticuatro horas has experimentado el infierno y se te olvidará la idea de que eres superior. Porque durante veinticuatro horas no pensarás ni siquiera durante una décima de segundo en teología, filosofía o religión.

Tienes que tener otros puntos de vista. La mujer tiene una mayor resistencia que el hombre. Éste es un hecho que ya han establecido los médicos. Las mujeres enferman menos que los hombres; viven más que los hombres, cinco años más. Esta sociedad es bastante estúpida ya que hemos decidido que el hombre debe ser cuatro o cinco años mayor que su mujer simplemente para probar que el hombre es más experimentado, más mayor, para mantener intacta su superioridad. Sin embargo, esto no es médicamente correcto porque la mujer va a vivir cinco años más. Si lo consideras desde un punto de vista médico, el marido debería ser cinco años más joven que la mujer, de modo que pudieran morir casi al mismo tiempo.

En casi todas las culturas y sociedades, por un lado el hombre tiene que ser cuatro o cinco años mayor y, por otro, a la mujer no se le permite volver a casarse. El hecho de que se le permita es un nuevo avance que sólo se da en los países desarrollados. No permiten que se vuelva a casar, con lo cual va a vivir al menos diez años de viudez. Esto es médicamente erróneo; aritméticamente no cuadra. ¿Por qué condenar a una mujer a diez años de viudez? Lo mejor sería que la mujer fuera cinco años mayor que el hombre y el hombre cinco años más joven. Esto solucionaría la cuestión. Ya no habría viudos ni viudas.

Si piensas que una mujer vive cinco años más que un hombre, ¿quién es superior? Si enferma menos, si tiene más resistencia, ¿quién es superior? El promedio de mujeres que se suicidan es un cincuenta por ciento inferior al de hombres. Hay que tener en cuenta estos hechos: ¿por qué?

¿Por qué el hombre se suicida en una proporción que dobla a la de la mujer? Parece ser que no tiene paciencia con la vida. Es demasiado impaciente y es demasiado ansioso y expectante, y cuando las cosas no salen como quiere, piensa en suicidarse. Se frustra muy rápido. Eso demuestra debilidad: no tiene el coraje suficiente para afrontar los problemas de la vida. El suicidio es un paso cobarde. Significa escapar de los problemas, no resolverlos.

La mujer tiene más problemas: sus propios problemas y los que el hombre le crea. Tiene el doble de problemas pero, a pesar de ello, consigue afrontarlos con valentía. Sin embargo, tú continúas diciendo que es más débil. ¿Por qué hay el doble de hombres que se vuelven locos que de mujeres? Esto demuestra únicamente que su intelecto no está hecho de materiales resistentes; estalla enseguida.

> *¿Por qué el hombre se suicida en una proporción que dobla a la de la mujer? Parece ser que no tiene paciencia con la vida. Es demasiado impaciente y es demasiado ansioso y expectante, y cuando las cosas no salen como quiere, piensa en suicidarse.*

¿Por qué se ha insistido continuamente en que la mujer es inferior? Es una cuestión política. Es un juego de poder. Si no puedes ser el presidente de ningún país... No es fácil ya que hay mucha competencia. No puedes convertirte en un Mesías porque no es tan fácil; en el momento en que piensas en convertirte en un Mesías, aparece por algún lado la crucifixión.

Precisamente el otro día vi un anuncio de una iglesia cristiana para reclutar nuevos adeptos en el que se veía a Jesús en la cruz; el anuncio decía: «Hay que tener agallas para ser sacerdote». ¡Un anuncio estupendo! Sin embargo, significa que excepto Jesús... ¿qué hay del resto de los sacerdotes cristianos? No son sacerdotes; ese anuncio es prueba suficiente. Así que sólo ha existido un sacerdote. ¿Qué son todos esos papas, cardenales y arzobispos? No son sacerdotes... porque cuando Jesús proclamó sus ideas, tuvo la cruz como respuesta. En cambio, cuando esos papas van por el mundo encuentran grandes alfombras rojas, abrumadores y calurosos recibimientos por parte de los presidentes, los primeros ministros, los reyes y las reinas de los países. Es curioso. No deberías portarte mal con los papas y los arzobispos. ¡Sí, es un mal comportamiento!, estás diciendo que no es un sacerdote. Crucifícalo; ése será el único certificado de que era un auténtico cristiano. Crucifica a todos los sacerdotes que puedas.

No es idea mía, es idea suya. Publican el anuncio de que «hay que tener agallas» junto a una imagen de Jesús en la cruz.

Ser político es muy fácil. Uno no tiene que estar relacionado únicamente con el gobierno, el Estado y cualquier materia que tenga que ver con esto: cualquier asunto de poder te convierte en político. El marido que intenta ser superior a la mujer: es político. También la mujer que intenta ser superior al hombre porque no puede aceptar la idea de que él es superior. A pesar de haber sido condicionada durante millones de años, encuentra la manera de boicotear esta idea.

Uno no tiene que estar relacionado únicamente con el gobierno, el Estado y cualquier materia que tenga que ver con esto; cualquier asunto de poder te convierte en político.

Ésta es la razón por la que la mujer no hace más que enfadarse, coger rabietas, llorar por cualquier tontería, organizar una discusión por cualquier cosa, por cosas por las que nunca hubieras imaginado que se pudiera discutir. ¿Por qué pasa todo esto? Ésa es su manera femenina de sabotear tu estrategia política: «¿Te crees superior? Sigue pensando que eres superior que ya te demostraré yo quién es superior». Todo marido sabe quién es superior; aún así, él sigue intentando ser superior. Al menos fuera de casa, avanza con la cabeza alta, se anuda correctamente la corbata, sonríe y camina como si todo fuera de maravilla.

En una pequeña escuela estaba preguntando el profesor a sus alumnos:

–¿Me podéis decir el nombre de un animal que sale de su casa como un león y regresa como un ratón?

Un niño levantó la mano. El profesor le dijo:

–Sí, dime la respuesta.

Él contestó:

–Mi padre.

Los niños son grandes observadores. No dejan de mirar lo que ocurre. El padre sale de casa como un león y cuando vuelve es casi como un ratón. Todo marido es un calzonazos. No existe otra categoría de marido. Pero ¿por qué? ¿Por qué se da esta terrible situación? Existe una forma masculina de política y una forma femenina de política, pero ambos están intentando estar por encima del otro.

> *En la religión ocurre lo mismo: el arzobispo quiere ser cardenal, el cardenal quiere ser Papa. Todo el mundo se encuentra en una escalera tratando de llegar más alto mientras otros se dedican a tirar de él empujándolo hacia abajo.*

En cualquier otro campo, por ejemplo en la universidad: el conferenciante quiere ser lector, el lector quiere ser profesor, el profesor quiere ser decano, el decano quiere ser vicerrector: una continua lucha por el poder.

Uno piensa que, al menos en el campo de la educación, no debería ser así. Sin embargo, a nadie le interesa la educación, lo único que le interesa a todo el mundo es el poder.

En la religión ocurre lo mismo: el arzobispo quiere ser cardenal, el cardenal quiere ser Papa. Todo el mundo se encuentra en una escalera tratando de llegar más alto mientras otros se dedican a tirar de él empujándolo hacia abajo. Aquellos que están más arriba le intentan empujar para que no pueda llegar a su nivel. Lo mismo ocurre con los que están en el peldaño inferior de la escalera: algunos estiran de él, otros le dan patadas y le pegan para mantenerlo lo más abajo posible. Si contemplas la escalera simplemente como un observador, verás que es como un circo. Esto es algo que ocurre a nuestro alrededor, en cualquier parte.

La política no es más que un modo de probar que eres superior. Pero ¿por qué? Porque, en el fondo, te sientes inferior. El hombre instintivo está destinado a sentirse inferior; es *inferior.*

De modo que para mí, la política no es más que un modo de probar que eres superior. Pero ¿por qué? Porque, en el fondo, te sientes inferior. El hombre instintivo está destinado a sentirse inferior; *es* inferior. No se trata de un «complejo de inferioridad», se trata de un hecho, una realidad: es inferior. Vivir una vida instintiva significa vivir en el nivel inferior de la vida.

Si comprendes esta lucha, la lucha por ser superior, abandonas la lucha; simplemente dices: «Yo soy yo, no soy ni superior ni inferior». Si te paras simplemente a un lado y contemplas todo el espectáculo, entras en el segundo mundo: el mundo de la inteligencia y de la conciencia.

Sólo hay que entender toda esta situación corrompida en la que todo el mundo se encuentra atrapado. Sólo tienes que tener un poco de paciencia para observar toda esta situación: ¿qué ocurre? Aunque llegues al peldaño más alto de la escalera, ¿qué sentido tiene? No harás más que estar allí en lo alto con cara de tonto. Ya no hay ningún otro lugar al que llegar.

Evidentemente, no puedes volver a bajar porque la gente se empezará a burlar de ti: «¿Adónde vas? ¿Qué te pasa? ¿Te han derrotado?». No puedes bajar pero tampoco puedes subir porque ya no hay ningún lugar más alto al que llegar, así que estás en medio del cielo fingiendo que has llegado, que has encontrado el objetivo de tu vida. Pero tú sabes que no has encontrado nada. No has sido más que un idiota y has desperdiciado toda tu vida. Ya no hay modo de subir más y, si bajas, la gente se va a reír de ti.

Sólo tienes que tener un poco de paciencia para observar toda esta situación: ¿qué ocurre? Aunque llegues al peldaño más alto de la escalera, ¿qué sentido tiene? No harás más que estar allí en lo alto con cara de tonto.

De modo que aquel que llega a ser presidente o primer ministro de un país sólo piensa en morirse en ese puesto. Porque no puede bajar: sería muy insultante, muy humillante, y no hay manera de llegar más alto. Estás ahí pegado; sólo la muerte te puede liberar de ese dilema.

El hombre siempre está intentando por todos los medios ser alguien importante, especial, superior; pero esto no es más que política. En mi opinión, sólo las personas mediocres están interesadas en eso. Las personas inteligentes tienen cosas más importantes que hacer. La inteligencia no puede malgastar su tiempo en luchar con políticos sucios, corrompidos y de tercera categoría. Sólo las personas de tercera categoría se convierten en presidentes, en primeros ministros. La persona inteligente no se va a distraer en semejante desierto que no conduce a ningún lado, ni siquiera a un oasis.

> *El hombre siempre está intentando por todos los medios ser alguien importante, especial, superior; pero esto no es más que política. En mi opinión, sólo las personas mediocres están interesadas en eso. Las personas inteligentes tienen cosas más importantes que hacer.*

Así que en un nivel instintivo la política no es más que «la ley del más fuerte», la ley de la jungla. Adolf Hitler, Iosif Stalin, Mussolini, Napoleón, Alejandro Magno, Tamerlán: todas estas personas son más lobos que hombres. Si queremos una auténtica humanidad en el mundo deberíamos tachar todos esos nombres. Deberíamos olvidar que estas personas han existido; no fueron más que pesadillas. Sin embargo, curiosamente, la historia está llena de esa clase de personas.

¿Qué es la historia? No es más que una serie de recortes de periódicos antiguos. Si ayudas a alguien, ningún periódico va a publicar la historia; si matas a alguien, saldrás en todos los periódicos. ¿En qué consiste vuestra historia sino en esas personas que han sido una molestia, que han dejado tantas heridas en la conciencia humana? ¿A eso le llamas historia? No tienes más que basura en tu mente.

Es realmente curioso que ni siquiera se mencione a las personas realmente inteligentes. A mí me resultó muy difícil encontrar algo sobre ellas. Tuve que buscar en muchas bibliotecas, intentando descubrir algo más sobre aquellas personas, ¡que son los auténticos creadores! Han sentado las bases. En cambio, sólo conocemos una clase de mundo, el mundo en el que impera la ley del más fuerte.

Sin embargo, en un segundo nivel, lo *correcto* es el poder. La inteligencia confía en encontrar lo que es correcto.

¿Qué es la historia? No es más que una serie de recortes de periódicos antiguos. Si ayudas a alguien, ningún periódico va a publicar la historia; si matas a alguien, saldrás en todos los periódicos. ¿En qué consiste vuestra historia sino en esas personas que han sido una molestia, que han dejado tantas heridas en la conciencia humana?

No hace falta luchar con espadas ni bombas y matarse unos a otros, porque el poder no prueba que estemos en lo correcto. ¿Te imaginas a Mohamed Alí boxeando con Gautama Buda? Naturalmente le ganaría en el primer *round*. No habría un segundo *round*, bastaría con uno; ¡el pobre Buda sería derrotado! Además, fíjate, él mismo empezaría a contar: uno, dos, tres, cuatro, cinco, seis, siete, ocho, nueve, diez. No esperaría a que lo hiciera el árbitro. No se movería siquiera del suelo; allí tumbado, contaría hasta diez. Y diría: «Se acabó; tú eres el ganador».

El poder no implica lo correcto; está muy bien en el mundo de los animales y del instinto. La inteligencia le da la vuelta a la expresión diciendo: «Lo correcto es el poder»; y lo correcto tiene que ser decidido a través de la inteligencia, la lógica, la razón, la discusión.

Eso es lo que Sócrates hacía en el Senado. Estaba dispuesto a responder cualquier pregunta que los senadores y los jueces le quisieran hacer. Él preguntó:

–¿De qué se me acusa? Empezad a decírmelo punto por punto. Estoy dispuesto a responderos.

Ellos sabían que era imposible discutir con aquel hombre; sin embargo, pensaron que quizá no supiera decir nada acerca de los pequeños delitos. Además, aunque pudiera no iba a convencer a los jueces porque iría contra todo su condicionamiento. Lo primero que dijeron fue:

> *El poder no implica lo correcto; está muy bien en el mundo de los animales y del instinto. La inteligencia le da la vuelta a la expresión diciendo: «Lo correcto es el poder»; y lo correcto tiene que ser decidido a través de la inteligencia, la lógica, la razón, la discusión.*

–El mayor delito que has cometido es corromper las mentes de los jóvenes.

Sócrates contestó:

–Eso es verdad pero no es un delito. A lo que vosotros llamáis corrupción yo lo llamo creación. Vosotros sois los que habéis corrompido la mente de esas personas; ahora yo tengo que destruir esa corrupción. Si pensáis que estáis en lo cierto, ¿por qué no abrís una escuela, una academia, igual que yo tengo las mías? La gente acudirá a aquel que esté en lo cierto.

Desde que Sócrates abrió su escuela todas las demás escuelas de Atenas cerraron porque cuando hay alguien como Sócrates enseñando, ¿quién puede competir con él? De hecho, todos los profesores que habían dirigido escuelas se convirtieron en alumnos de Sócrates. Él era un auténtico profesor. Sócrates les dijo:

–Decidme el nombre de una sola persona a la que yo haya corrompido y qué es lo que entendéis vosotros por corrupción.

Ellos le contestaron:

–Tú enseñas que no existe Dios ni tampoco los dioses.

Él contestó:

–Sí, porque ni Dios ni los dioses existen. ¿Qué le voy a hacer? No es culpa mía. Si Dios no existe, ¿sois vosotros los que están corrompiendo las mentes de los jóvenes o soy yo? Yo simplemente estoy diciendo la verdad. ¿Pensáis que la verdad puede corromper las mentes de los jóvenes?

El debate continuó durante días.

Finalmente, los jueces decidieron lo siguiente:

–En cuanto a inteligencia, os ha superado a todos vosotros: un solo hombre ha podido con toda la mediocre sociedad de Atenas, de modo que no vamos a seguir discutiendo, haremos una votación.

Entonces Sócrates dijo:

–La votación no puede probar lo que es correcto y lo que es equivocado. De hecho, existe una gran probabilidad de que la gente vote aquello que es equivocado porque la mayoría está compuesta por gente mediocre.

Sócrates estaba intentando decir que había que decidir lo que era verdad a través de la inteligencia. Esto es lo que provocó la evolución de la ciencia. Sócrates debe ser reconocido como el padre de la ciencia porque en la ciencia no se plantea la cuestión «Tú eres poderoso por lo tanto estás en lo cierto». Lo importante es que cualquier persona puede probar que está en lo cierto; da igual lo poderoso que uno sea. Es algo que hay que decidir usando la lógica, la razón, en un laboratorio, a través de experimentos y experiencia.

De modo que en un segundo nivel de la conciencia, la política es una cuestión totalmente distinta.

La India ha estado sometida durante dos mil años; por muchas razones, pero una de las más importantes es que todas las personas importantes de la India dieron la espalda a la política despreciable, de tercera categoría, instintiva. Sencillamente, las personas inteligentes no estaban interesadas en la política ni en el poder. Sólo les interesaba descubrir la verdad, el sentido de la vida. ¿Por qué estamos aquí?

En la época de Gautama Buda, quizás en todo el mundo, el segundo nivel de conciencia alcanzó su más alta cumbre. En China fueron Confucio, Lao Zi, Mencio, Chuang Zi, Lie Zi, todos contemporáneos. En la India, Gautama Buda, Mahavira, Makhkhali Ghosal, Ajit Keshkambal, Sanjay Vilethiputta, todos ellos tenían grandes poderes, eran gigantes. En Grecia, Sócrates, Platón, Aristóteles, Plotino, Heráclito, Pitágoras: todos ellos alcanzaron la cima de la inteligencia. En todo el mundo, de repente, fue como si llegara una ola de inteligencia. Únicamente los idiotas siguieron luchando; las personas inteligentes, en cambio, se dedicaron a encontrar la manera de discernir lo que está bien y lo que está mal.

En la India existía la tradición de que el filósofo viajara por todo el país, retando a otros filósofos. Este reto no implicaba enemistad; es importante que entiendas esto. La enemistad no existe en el segundo nivel, las dos personas que se enfrentan en el reto son buscadoras. Es un enfrentamiento amistoso, no es una lucha; ambos desean que gane la verdad. Ninguno de los dos está tratando de ganar al otro; eso no tiene la menor importancia.

Cuando Shankara empezó su discusión con Mandan Mishra, se postró a sus pies y le pidió su bendición, así como que ganara la verdad. El hecho de que te postres a los pies de tu enemigo, ¿qué demuestra? No se trata de conquistar a la otra persona. Es una persona anciana y respetada en todo el país; Shankara no es más que un joven de treinta años. Mandan Mishra tiene la edad de su abuelo; Shankara se postra a los pies de Mandan Mishra porque no está tratando de derrotarlo. Además, le pide su bendición, no ser el ganador sino que sea la verdad la que gane. La verdad no es propiedad de nadie.

Hay una frase famosa en la historia de la filosofía que es «Satyameva jayate», (La verdad debe triunfar sin importar quién sea el derrotado). No se trata de la exteriorización de un complejo de inferioridad sino de la demostración de una inteligencia realmente superior.

Esto es algo que ocurría en todo el país. Nacieron unos intelectuales tales que hoy no podemos encontrar otros que tengan su categoría, su agudeza, por la sencilla razón de que todos los intelectuales se han enfocado hacia el campo de la ciencia. La filosofía está abandonada. En aquellos tiempos, todas esas personas se dedicaban al mundo de la filosofía.

Tienes que tener presente que es una lucha pero no una disputa personal; no hay un deseo de probar que uno es superior sino una búsqueda de la verdad. El objetivo ha cambiado; se trata de la victoria de la verdad. Hay una frase famosa en la historia de la filosofía que es «Satyameva jayate», (La verdad debe triunfar sin importar quién sea el derrotado). No se trata de la exteriorización de un complejo de inferioridad sino de la demostración de una inteligencia realmente superior.

Esta tradición se extendió a China, a Japón, y se propagó incluso a otros campos. Ésta es la razón por la que te sorprenderás cuando veas a dos boxeadores japoneses, o a dos luchadores de aikido, de jujitsu o de judo: lo primero que hacen es inclinarse el uno ante el otro en señal de gran respeto. No se trata de enemistad. Ésa es una de las enseñanzas del judo y de todas las artes marciales japonesas, que cuando luchas con alguien no lo haces por enemistad personal. Si se trata de algo personal estás condenado a ser derrotado porque tendrá que ver con el ego; estarás cayendo en el nivel más bajo.

En el arte del judo, vence aquel que prueba que el arte del judo es superior. No vence la persona sino el arte. Al igual que en la filosofía es la verdad la que gana, aquí es el arte el que gana. No debes pensar en ningún momento en ti o en tu victoria, porque en ese momento serás derrotado.

Esto es algo que ha ocurrido muchas veces, algo que sólo puede entender aquel que haya entendido toda la tradición oriental. A veces se enfrentan dos personas que son igualmente no egoístas; en ese caso no gana nadie. La lucha continúa durante días, el final se sigue posponiendo pero no gana nadie. Cada día llegan y se inclinan uno ante el otro, con gran alegría, con gran respeto. De hecho, se sienten honrados ante la otra persona porque no es una persona corriente; el simple hecho de luchar contra ella es todo un honor. Y la lucha continúa. Finalmente el juez tiene que decir: «Ninguno de los dos puede ganar porque los dos carecen por igual de ego; ninguno puede encontrar la manera de derrotar al otro».

El ego es la solución. El ego es una especie de sueño en el cual puedes ser derrotado. Durante un instante puedes tener algún pensamiento y ése será tu fin. El arte del judo, del jujitsu, del aikido... todos son parecidos aunque con pequeñas diferencias, sutilezas; sin embargo, la base es la misma. La base es que mientras luchas, no deberías estar ahí sino totalmente ausente, de esa manera no hay espada que te pueda atravesar.

Si ves a dos luchadores de esgrima en acción te quedarás sorprendido...

Tenía un amigo que se llamaba Chanchal Singh que había aprendido artes marciales en Japón. Abrió una escuela de artes marciales y, de vez en cuando, por diversión, nos enseñaba algunas cosas. Decía:

–En Japón la voz se entrena de un modo determinado. Si alguien te ataca con una espada y tú no tienes ningún arma, sólo tienes que emitir un sonido determinado y la espada caerá de sus manos.

Entonces yo dije:

–¡Es increíble! Yo tengo un amigo luchador. No tiene ni idea de espadas pero es capaz de cortarte la cabeza sólo con un bastón.

De modo que me fui a buscar al luchador y le hablé de este hombre. Él me contestó:

–No hay ningún problema. Con un solo golpe, dividiré la cabeza de ese hombre en dos.

Era un hombre fuerte y cuando intentó golpear a Chanchal Singh, en cuanto levantó la mano para golpear a Chanchal Singh, éste pegó un grito ¡y el palo se cayó de las manos del luchador y su corazón dejó de latir! Fuera lo que fuera, su mano perdió todo su poder; ¡sólo con el sonido!

Yo le pregunté:

–¿Cómo haces ese sonido?

Chanchal Singh me dijo:

–El sonido es muy fácil de aprender; lo importante es que tú no debes estar ahí. Eso es lo más difícil. Yo he estado en Japón todo este tiempo; todo lo demás es muy sencillo, el único problema es ése, que tú no debes estar ahí. ¡Y en el momento en que alguien te va a partir el cráneo en dos, en ese momento necesitas absolutamente estar ahí! Sin embargo, incluso en ese momento no tienes que estar ahí; únicamente el sonido, sin que el ego esté detrás. De repente, el hombre se olvidará de lo que está haciendo, estará completamente perdido. Incluso perderá la memoria por un instante. No es consciente de lo que está ocurriendo, de lo que está haciendo, de lo que estaba haciendo. Le llevará algo de tiempo recuperarse. Sólo tiene que estar ausente tu ego. Esa ausencia provoca cierto cambio en la mente de la persona, una especie de ruptura, una ruptura repentina.

Sin embargo, si ambas personas carecen de ego es muy difícil. Entonces se sabe que ocurre en Japón una cosa curiosa, una cosa cotidiana: antes de que empuñes tu espada para herir a la otra persona, la espada de la otra persona está lista para defenderle. No es que la coja en cuanto tú te muevas, no, sino incluso antes de que tú hayas pensado moverte. Es como si en esa décima de segundo en que piensas en moverte, antes de que tu mano se mueva, tu pensamiento le ha llegado a la otra persona y ya está preparada para defenderse.

Ésta es otra cosa que sólo ocurre si estás ausente. Entonces la espada no está separada de ti. Tú no estás haciendo nada, simplemente estás ahí, ausente, dejando que las cosas ocurran. Pero si las dos personas carecen de ego, esto puede durar días. Ninguno puede golpear, ni siquiera rozar a la otra persona.

Éste no es el nivel ordinario, instintivo. Has pasado a un nivel superior; incluso más elevado que el segundo. Has pasado a un tercer nivel, el intuitivo. Lo mismo que ocurre con la esgrima, el boxeo o la lucha oriental, ocurre con la inteligencia en un tercer nivel.

En toda mi carrera sólo me han gustado dos profesores. Les he ocasionado problemas a muchos, y a estos dos tampoco les dejé en paz pero los adoraba. Uno de ellos era el profesor S. S. Roy. Había escrito su tesis doctoral sobre Shankara y Bradley, un estudio comparativo. Me dio la primera copia a mí. Yo le dije:

–No está bien que hagas esto: yo soy tu alumno y tú me estás dando la primera copia de tu tesis recién salida de la imprenta.

Él me contestó:

–Creo que te la mereces.

Yo le contesté:

–Pero yo pienso que toda tu tesis está equivocada desde el mismo título porque estás comparando a dos hombres que pertenecen a dos niveles diferentes.

Bradley es un intelectual, un gran intelectual. Al comienzo del siglo xx dominó todo el panorama del mundo filosófico. Era el máximo intelectual. Shankara no es un intelectual en absoluto.

Yo le dije al profesor Roy:

–Desde luego que los dos llegan a conclusiones similares, por eso los has comparado: te has dado cuenta de que las conclusiones son similares. Pero no te has dado cuenta de que llegan a esas conclusiones parecidas por caminos diferentes. Ahí es donde radica mi objeción, porque Bradley llega a esas conclusiones simplemente a través de la lógica, mientras que Shankara lo hace a través de la experiencia.

»Shankara no está discutiendo sobre ellas simplemente como filósofo. También discute como filósofo pero eso es secundario. Él ha experimentado la verdad. Después, para expresar esa verdad, se sirve de la lógica, de la razón, del intelecto. Bradley no tiene experiencia y lo admite, pero considera que intelectualmente esas conclusiones son más defendibles, tienen mayor validez. –De modo que le dije al profesor Roy–: Si me pides mi opinión te diré que pienso que has comparado dos personas que no son comparables.

Había otros puntos discutibles pero ese punto básico surgía continuamente una y otra vez. Se puede llegar a una conclusión de modo únicamente lógico, y puede que ésta sea cierta o que no lo sea; no puedes estar seguro de su veracidad. Sin embargo, con Shankara no se plantea la cuestión de si está en lo cierto o no: *está* en lo cierto. Aunque pruebes lógicamente que está equivocado, no se moverá de su posición. Bradley, en cambió, si lo hará. Si puedes probar que está equivocado, se moverá de su posición.

Yo le dije:

–Tanto Shankara como Bradley dicen que Dios, Brahma, la verdad, es absoluta. Pero la diferencia es que Bradley cambiará su punto de vista si argumentas de forma lógica contra él y pruebas que existen grietas en su razonamiento. Shankara simplemente se reirá y dirá: «Tienes razón. Mi modo de expresarlo fue incorrecto y sabía que alguien que conociera la verdad descubriría que estaba mal expresado. Estás en lo cierto, lo he expresado de forma equivocada». Pero Shankara no admitiría que está equivocado. Su posición es la de la experiencia, es intuitiva.

No hay lucha posible en el nivel intuitivo.

El político en el nivel instintivo no es más que un animal salvaje. No cree en otra cosa más que en ser vencedor. Usará todos los medios necesarios para conseguirlo. El fin justifica los medios por muy terribles que éstos sean. Adolf Hitler dice en su autobiografía: «No importa el medio; lo que importa es el fin. Si lo consigues, todo lo que hayas hecho para conseguirlo es correcto; si fallas, todo lo que hayas hecho es equivocado. Mientes, pero si tienes éxito se convertirá en verdad. Haz lo que sea, sólo tienes que tener presente que debes lograr tener éxito. El éxito, retroactivamente, hace que todo sea correcto. En cambio, si fracasas... puede que todo lo que hayas hecho sea correcto, pero el fracaso prueba que era todo equivocado».

> *El político no cree en otra cosa más que en ser vencedor. Usará todos los medios necesarios para conseguirlo. El fin justifica los medios por muy terribles que éstos sean.*

En un segundo nivel hay una lucha pero ahora la lucha es humana, no es intelectual.

Sí, existe una especie de lucha para probar que lo que has estado manteniendo es verdad, sin embargo, la verdad es más importante que tú. Si eres derrotado en favor de una verdad mayor te sentirás feliz, no infeliz. Cuando Shankara derrotó a Mandan Mishra, éste inmediatamente se levantó, se postró a los pies de Shankara y pidió ser iniciado como discípulo suyo. No es cuestión de lucha. Éste es un mundo de inteligencia mucho más elevado, humano.

A pesar de ello, a veces, en nombre de la verdad, se cuela algo de política entre bastidores. De lo contrario, ¿qué necesidad hay siquiera de retar a ese hombre? Si conoces la verdad, ¡disfruta de ella! ¿Qué sentido tiene ir por todo el país retando a otras personas? Si conoces la verdad, son las otras personas las que acudirán a ti. Hay un modo sutil de política aquí. Lo puedes llamar si quieres política filosófica, política religiosa, pero no deja de ser política aunque muy refinada.

Sólo en un tercer nivel, cuando comienza a funcionar la intuición, ya no existe ninguna lucha. Buda nunca se acercó a nadie para conquistarlo. Mahavira nunca se acercó a nadie para conquistarlo. Lao Zi nunca se acercó a nadie para conquistarlo. Era la gente la que se acercaba a ellos.

Sólo en un tercer nivel, cuando comienza a funcionar la intuición, ya no existe ninguna lucha. Buda nunca se acercó a nadie para conquistarlo. Mahavira nunca se acercó a nadie para conquistarlo. Lao Zi nunca se acercó a nadie para conquistarlo. Era la gente la que se acercaba a ellos; aquel que estaba sediento acudía a ellos. Tampoco se interesaron por los que iban a retarlos en una discusión intelectual.

Muchos fueron a ver a Buda: Sariputta, Moggalayan, Mahakashyap. Todos ellos eran grandes filósofos que tenían miles de discípulos y fueron a retar a Buda. La idea de Buda durante toda su vida fue: «Si sabes, me alegro por ti. Te puedes considerar vencedor. Pero ¿sabes una cosa? Yo sé y, sin embargo, no pienso que tenga que retar a nadie ya que sólo hay dos tipos de personas: las que saben y las que no saben. En cuanto a las que no saben, ¿cómo voy a retarlas a las pobres? Ni me lo planteo. En cuanto a las que saben, ¿cómo voy a retarlas? Ni me lo planteo».

Él le preguntó a Sariputta:

–Si sabes, me alegro por ti, pero ¿sabes una cosa? Yo no te estoy retando, sólo te estoy preguntando: ¿Quién eres tú? Si no lo sabes, abandona la idea de retarme. Entonces quédate aquí conmigo. Algún día, a su debido momento, ocurrirá, no a través del reto, no a través de la discusión, ni siquiera a través de la expresión.

Aquellas personas eran muy honradas. Sariputta se inclinó y contestó:

–Por favor, perdóname por haberte retado. Yo *no* sé. Soy un gran razonador y he retado a muchos filósofos pero me doy cuenta de que tú no eres un filósofo. Me ha llegado el momento de rendirme y observar desde este nuevo ángulo. ¿Qué tengo que hacer?

Buda le contestó:

–Sólo tienes que estar en silencio durante dos años. –Era un proceso sencillo para todo aquel que acudía a él, y fueron muchos los que lo hicieron–. Dos años en completo silencio y después me puedes preguntar lo que quieras.

Dos años en silencio es suficiente, más que suficiente. Al cabo de dos años se han olvidado de sus propios nombres, se han olvidado de cualquier deseo de reto, de cualquier idea de victoria. Han saboreado al hombre. Han saboreado su verdad.

De modo que en el nivel intuitivo no hay política de ningún tipo.

En un mundo mejor, las personas intuitivas serán faros para aquellos que al menos puedan entenderlos intelectualmente. Y los políticos intelectuales –los profesores, la intelectualidad, los teóricos– serán los guías para los políticos instintivos. Sólo así, la gente se sentirá a gusto, vivirá tranquila.

La luz debería proceder del nivel superior. Tendría que pasar a la segunda categoría porque sólo así puede ser capaz la tercera categoría de tener un atisbo de ella; la segunda categoría debería hacer de puente. Así era en la antigua India.

> *En un mundo mejor, las personas intuitivas serán faros para aquellos que puedan entenderlos intelectualmente. Y los políticos intelectuales –los profesores, la intelectualidad, los teóricos– serán los guías para los políticos instintivos. Sólo así, la gente se sentirá a gusto.*

Ocurrió una vez...

Las personas realmente intuitivas vivían en el bosque o en la montaña, y los intelectuales, los profesores, los pandits, los sabios, los primeros ministros solían acudir a ellos con sus problemas ya que, según decían: «Nosotros somos ciegos, vosotros tenéis ojos». Le ocurrió a Buda. Estaba acampado a la orilla del río y a ambos lados del río había ejércitos. Había dos reinos cuya frontera era el río y ambos llevaban siglos luchando para decidir a qué reino pertenecía el río, ya que el agua era un bien muy preciado. Sin embargo, todavía no habían sido capaces de decidirlo; ya habían teñido las aguas del río de sangre en numerosas ocasiones pero la lucha continuaba.

Buda estaba allí acampado con sus discípulos y los generales de ambos ejércitos fueron a verle. Por casualidad, entraron al mismo tiempo en el campamento de Buda y se vieron cara a cara. Les sorprendió esta coincidencia pero ya no se podían volver.

Buda les dijo:

–No os preocupéis, es bueno que hayáis venido a la vez. Los dos estáis ciegos, vuestros predecesores también estuvieron ciegos. El río continúa fluyendo y vosotros continuáis matando. ¿No podéis daros cuenta de algo muy sencillo? Los dos necesitáis agua y el río es lo suficientemente grande.

»No os hace falta poseer el río, además ¿quién puede poseerlo? Todo el agua fluye hacia el océano. ¿Por qué no podéis usarlo los dos? Una orilla pertenece a un reino y la otra pertenece al otro reino; no hay ningún problema. No hace falta ni siquiera trazar una línea en medio del río, ya que no se pueden trazar líneas en el agua. En vez de luchar, utilizad el agua...

Fue muy sencillo. Además, comprendieron que sus campos se estaban secando y estaban perdiendo el grano porque no había nadie que lo cuidara. En primer lugar, había que luchar: ¿quién posee el río? Primero había que poseer el agua; sólo entonces podían regar los campos.

La mente estúpida piensa sólo en términos de posesión. El hombre que ha profundizado piensa en la utilidad.

Buda simplemente les dijo:

–¡Utilizadla! Y volved a verme cuando hayáis gastado toda el agua. Entonces sí que habrá un problema, y entonces sí que veremos qué se puede hacer. Venid a verme sólo cuando hayáis gastado toda el agua.

Han pasado veinticinco siglos y el agua sigue fluyendo. ¿Cómo vas a gastar el agua? Es un río larguísimo, de miles de kilómetros. Sus aguas proceden de las nieves perpetuas del Himalaya y desembocan en el golfo de Bengala. ¿Cómo vas a agotarlo? Además, aquéllos no eran más que pequeños reinos. Aunque hubieran querido gastar toda el agua no habrían podido.

> *La visión profunda debe proceder de la persona intuitiva. Pero la visión profunda sólo la puede entender la persona inteligente y la persona inteligente puede ayudar al político con instinto que sólo ansía el poder. Esto es lo que yo denomino meritocracia.*

La visión profunda debe proceder de la persona intuitiva. Pero la visión profunda sólo la puede entender la persona inteligente, y la persona inteligente a su vez puede ayudar al político con instinto que sólo ansía el poder.

Esto es lo que yo denomino meritocracia, porque el mérito supremo domina e influye en los peldaños más bajos y ayuda a elevarlos por encima de su nivel. No tiene ningún interés creado y, al no tenerlo, es libre y su visión es clara. Será difícil para la persona intuitiva explicar cualquier cosa a la persona instintiva porque están muy alejadas la una de la otra, pertenecen a dos dimensiones diferentes y no existe ningún puente. En medio de ellas, el intelectual puede ser de gran ayuda.

Las universidades, los institutos, las escuelas, no deberían enseñar sólo ciencias políticas; ¡es estúpido enseñar ciencias políticas! Enseña ciencias políticas pero enseña también el arte de la política porque la ciencia no vale para nada; tienes que enseñar política práctica. Los profesores de las universidades deberían además preparar a los políticos inculcándoles ciertos valores. De ese modo, las personas que ahora mismo gobiernan el mundo no estarían ahí. De ese modo, encontrarías dirigentes bien preparados, cultos, que conocieran el arte y la ciencia política, y siempre dispuestos para acudir a los catedráticos, a los sabios. Poco a poco, será posible que se aproximen al más alto nivel de meritocracia: las personas intuitivas.

Si esto es posible, tendremos por primera vez algo que sea verdaderamente humano, que dignifique a la humanidad, que dé integridad a los individuos.

Por primera vez tendrás una democracia auténtica en el mundo. Lo que existe ahora mismo como democracia no es democracia, es «chusmacracia».

Estrategias

Abandona la mente que piensa en prosa,
reaviva ese otro tipo de mente que piensa en poesía.
Deja a un lado tu pericia con los silogismos;
permite que las canciones se conviertan en tu modo de vida.
Pasa del intelecto a la intuición,
de la cabeza al corazón,
porque el corazón está más cerca de los misterios.

Pela la cebolla

El hombre es muy simple pero su personalidad no lo es; la personalidad es algo muy complejo. La personalidad se asemeja a una cebolla: tiene muchas capas de condicionamientos, de corrupción, tras las cuales se oculta el ser del hombre. Se encuentra detrás de tantos filtros que no puedes verlo; tampoco puedes ver el mundo que se halla oculto tras esos filtros porque lo que llega a ti ha sido corrompido por los filtros antes de que te llegue.

Nunca te llega nada tal como es; sigues sin saber cómo son las cosas. Entre medias hay muchos intérpretes. Cuando ves algo, para empezar, tus ojos y tus sentidos lo falsean. Después lo falsean tu ideología, tu sociedad, tu Iglesia. Más tarde lo falsean tus emociones. Etcétera, etcétera. En el momento en que llega a ti ya casi no conserva nada del original, o tan poco que da igual. Sólo ves aquello que tus filtros te permiten ver, y éstos te permiten ver muy poco.

Los científicos están de acuerdo con esta idea. Dicen que sólo vemos el dos por ciento de la realidad; ¡sólo el dos por ciento! El otro noventa y ocho por ciento nos lo perdemos. Cuando me escuchas sólo oyes el dos por ciento de lo que digo. El noventa y ocho por ciento restante se pierde, y cuando se ha perdido el noventa y ocho por ciento, el dos por ciento que queda está fuera de contexto. Es como si cogieras dos páginas de una novela al azar, una de aquí y otra de allá, e intentaras reconstruir toda la novela a partir de esas dos páginas. ¡Faltan noventa y ocho páginas! No tienes ni el más mínimo indicio de qué trataban; ni siquiera estás seguro de que existieran realmente. No tienes más que dos páginas, pero reconstruyes toda la novela. Esta reconstrucción es una invención tuya. No es un descubrimiento de la verdad, es tu imaginación.

Hay una gran necesidad de llenar esos vacíos. Siempre que ves dos cosas que no guardan relación entre sí, tu mente siente una profunda necesidad de relacionarlas; si no lo hace se siente incómoda. Así que te inventas un nexo entre las dos. Estableces una unión entre dos cosas sueltas, las unes y sigues inventando un mundo que no existe.

¿Qué clase de felicidad se puede lograr a través de las mentiras? Ninguna, de ahí que la humanidad sea infeliz. Con la verdad hay dicha; con las mentiras sólo hay infelicidad. Sin embargo, seguimos manteniendo esas mentiras.

George Gurdjieff solía llamar a estos filtros «amortiguadores». Te protegen contra la realidad. Protegen tus mentiras, protegen tus sueños, protegen tus proyecciones. No te permiten que entres en contacto con la realidad porque ese contacto sería destructivo, chocante. El hombre vive gracias a las mentiras.

Se dice que Friedrich Nietzsche dijo: «Por favor, no le quitéis esas mentiras a la humanidad, de lo contrario, el hombre no podrá vivir. El hombre vive gracias a las mentiras. No borréis las ficciones, no destruyáis los mitos. No digáis la verdad porque el hombre no puede vivir con la verdad». Está en lo cierto en lo que respecta al noventa y nueve coma nueve por ciento de las personas, pero ¿qué clase de vida se puede vivir a través de las mentiras? No será más que una gran mentira. Y, ¿qué clase de felicidad se puede lograr a través de las mentiras? Ninguna, de ahí que la humanidad sea infeliz. Con la verdad hay dicha; con las mentiras sólo hay infelicidad. Sin embargo, seguimos manteniendo esas mentiras.

Esas mentiras son cómodas pero te alejan de la dicha, de la verdad, de la existencia.

El hombre es exactamente igual que una cebolla. El arte consiste en descubrir cómo pelar la cebolla y llegar a su centro.

> *Tus sentidos físicos han recibido un entrenamiento. Ves aquello que la sociedad te permite ver, oyes aquello que la sociedad te permite oír, tocas aquello que la sociedad te permite tocar.*

1. Los sentidos físicos

En la primera capa se encuentran los sentidos físicos corrompidos. Nunca pienses, ni por un momento, que tus sentidos son como deberían ser; no lo son. Han recibido un entrenamiento. Ves aquello que la sociedad te permite ver, oyes aquello que la sociedad te permite oír, tocas aquello que la sociedad te permite tocar.

El hombre ha perdido gran parte de sus sentidos; por ejemplo, el olfato. El hombre prácticamente ha perdido el sentido del olfato. Fíjate en los perros y en su capacidad olfativa; ¡qué sensible es su nariz! El hombre parece bastante pobre. ¿Qué le ha ocurrido a la nariz del hombre?

¿Por qué no puede oler con la intensidad de un perro o de un caballo? El caballo es capaz de oler desde kilómetros de distancia. El perro tiene una inmensa memoria de olores. El hombre, en cambio, no tiene memoria: hay algo que bloquea su nariz.

Los que han estado observando profundamente las distintas capas dicen que la pérdida del sentido del olfato se debe a la represión sexual. Físicamente, el hombre es tan sensible como cualquier otro animal, pero psicológicamente su nariz ha sido corrompida. El olfato es una de las mayores puertas sexuales a tu cuerpo. A través del olfato, los animales empiezan a sentir si el macho está acorde con la hembra o no; el olor es una indirecta muy sutil. Cuando la hembra está dispuesta a hacer el amor con el macho desprende un determinado tipo de olor. Solamente a través de ese olor entenderá el macho que ha sido aceptado. Si la hembra no desprende ese olor, el macho se va: sabe que no ha sido aceptado.

El hombre ha destruido el sentido del olfato porque será difícil crear lo que se denomina una sociedad educada si tu sentido del olfato permanece en su estado natural. Vas por la calle y una mujer que pasa comienza a desprender su aroma y te da, así, una señal de su aceptación. ¿Qué harás? ¡Será algo embarazoso, vergonzoso! Tu mujer está paseando contigo y su cuerpo no desprende ningún aroma, pero de repente pasa un hombre y ella produce esa señal: ese tipo de señales son inconscientes, no puedes controlarlas. Te darás cuenta de que está interesada en el otro hombre, que está recibiendo al otro hombre. ¡Eso traerá problemas! De modo que en el transcurso de los siglos, el hombre ha anulado completamente su sentido del olfato.

El hecho de que en los países desarrollados se invierta mucho tiempo en hacer desaparecer cualquier olor corporal no es casual. Se anula el olor corporal con desodorantes, con jabones. Se sustituye por capas de perfume, de intenso perfume. No son más que disfraces, formas de evitar la realidad que sigue ahí presente. El olfato es algo muy sexual, por eso hemos anulado la nariz, hemos anulado la nariz completamente.

Puedes ver la diferencia en el mismo lenguaje. «Ver» significa una cosa; «oír», otra cosa, pero sin embargo, «oler» significa todo lo contrario. Ver significa una capacidad de ver; en cambio, oler no significa la capacidad de oler: significa que hueles mal. La represión ha invadido hasta el mismo lenguaje.

Sé consciente: ¿miras realmente a las personas o lo único que haces es evitar su mirada? Porque si no la evitas quizá veas algo que esa persona no está deseando mostrar. Y eso no es de buena educación.

Lo mismo ha ocurrido con el resto de los sentidos. No miras a la gente a los ojos o, si lo haces, es sólo durante unos segundos. En realidad, no miras a la gente: te dedicas a evitarla. Mirarlos se considera ofensivo. Sé consciente: ¿miras realmente a las personas o lo único que haces es evitar su mirada? Porque si no la evitas quizá veas algo que esa persona no está deseando mostrar. No es de buena educación ver algo que la otra persona no quiere mostrar, así que es mejor evitarlo.

Escuchamos las palabras; no vemos las caras porque, en muchas ocasiones, las palabras y el rostro se contradicen. Un hombre dice una cosa y muestra otra. Poco a poco hemos perdido por completo la habilidad de observar los rostros, los ojos, los gestos. Sólo escuchamos las palabras. Fíjate en esto y te sorprenderá ver cómo la gente no hace más que decir una cosa y mostrar otra. Nadie se da cuenta porque te han educado para que no mires directamente a los ojos. O, aunque mires, esa mirada no es una mirada consciente, atenta. Está vacía, es casi igual que si no estuvieras mirando.

Seleccionamos los sonidos que oímos. No oímos todo tipo de sonidos. Seleccionamos aquello que es útil oír. Según la sociedad y según el país, se valoran cosas distintas. Un hombre que viva en un mundo primitivo, en un bosque, en una jungla, tiene un tipo de receptividad distinta para los sonidos. Tiene que estar continuamente alerta y atento a los animales; su vida peligra. Tú no necesitas estar alerta: vives en un mundo civilizado donde ya no hay animales y no hay miedo. Tu supervivencia no está en peligro. Tus oídos no funcionan perfectamente porque no es algo que te haga falta.

> *La gente no hace más que decir una cosa y mostrar otra. Nadie se da cuenta porque te han entrenado para que no mires directamente a los ojos. O, aunque mires, esa mirada no es una mirada consciente, atenta.*

¿Has visto alguna vez una liebre o un ciervo? Lo atentos que están, lo sensibles que son. Basta el mínimo sonido –una hoja seca movida por el viento– y el ciervo se pone alerta. Tú ni siquiera te habrías dado cuenta. La vida está llena de música maravillosa, la vida está llena de música sutil pero somos totalmente inconscientes de ella. Hay un ritmo maravilloso pero para sentirlo necesitarías unos oídos que estuvieran más alerta, unos ojos que estuvieran más alerta, un tacto que estuviera más alerta.

De modo que la primera capa es la de los sentidos corrompidos. Vemos únicamente aquello que queremos ver. Todo el mecanismo de nuestro cuerpo está envenenado. Nuestro cuerpo se ha atrofiado. Vivimos en una especie de congelación: somos fríos, cerrados, inabordables. Tenemos tanto miedo a la vida que hemos anulado cualquier posibilidad por la que la vida pueda entrar en contacto con nosotros.

Las personas no se tocan, no se cogen de la mano, no se abrazan. Cuando le das la mano a alguien te sientes incómodo y lo mismo le ocurre a la otra persona. Incluso cuando abrazas a alguien, parece como si estuvieras haciendo algo malo y tienes prisa por separarte de la otra persona porque el cuerpo del otro puede provocar que te abras; el calor del cuerpo del otro puede provocar que te abras. Tampoco se permite que los niños abracen a sus padres; la gente tiene mucho miedo. Este miedo, básicamente, en lo más profundo, está relacionado con el miedo al sexo. Existe un tabú hacia el sexo. Una madre no puede abrazar a su hijo porque quizás el hijo se excite sexualmente; he ahí el miedo. Un padre no puede abrazar a su hija, ya que tiene miedo de excitarse físicamente; la calidez tiene sus propios caminos.

No hay nada malo en excitarse física o sexualmente: no es más que una señal de que uno está vivo, de que uno está totalmente vivo. En cambio, el miedo, el tabú nos dice: «Mantente alejado, mantén la distancia».

Nuestros sentidos están corrompidos. No se nos ha permitido ser naturales, de ahí que el hombre haya perdido su dignidad, su inocencia, su gracilidad, su elegancia. Ésta es la primera capa.

A consecuencia de todas estas represiones el cuerpo se ha vuelto anorgásmico. No hay alegría; es algo que le ha ocurrido por igual al hombre y a la mujer, pero el hombre ha profundizado más en la corrupción que la mujer porque el hombre es perfeccionista, neuróticamente perfeccionista. Una vez que ha tenido una idea intenta llevarla hasta el máximo. Las mujeres son más prácticas, menos perfeccionistas, menos neuróticas, más terrenales, más equilibradas, menos intelectuales, más intuitivas. No han ido hasta el final. Es bueno que las mujeres no se hayan vuelto tan neuróticas como los hombres; por eso siguen conservando algo de dignidad, de gracia, de suavidad, de poesía. Sin embargo, ambos han sido corrompidos por la sociedad, ambos se han atrofiado. Los hombres un poco más que las mujeres, pero es una diferencia sólo de grados.

Esto es lo que hace el yoga: hace que tu cuerpo esté vivo, que sea sensible, que sea otra vez joven, hace que tus sentidos funcionen al máximo. De esta manera, uno vive sin estar rodeado de tabúes; de esta manera fluyen la lucidez, la gracilidad, la belleza.

Como consecuencia de esta capa, todo lo que entra en ti tiene que pasar primero por este filtro. Este filtro destruye, interpreta, manipula, colorea a su gusto, proyecta, inventa, y así la realidad queda recubierta. Cuando desaparece esta capa... esto es lo que hace el yoga: hace que tu cuerpo esté vivo, que sea sensible, que sea otra vez joven, hace que tus sentidos funcionen al máximo. De esta manera, uno vive sin estar rodeado de tabúes; de esta manera fluyen la lucidez, la gracilidad, la belleza. Surge de nuevo la calidez, vuelve a haber apertura y crecimiento. Uno se siente constantemente nuevo, joven, y vive en una constante aventura. El cuerpo se vuelve orgásmico. La alegría te rodea.

A través de la alegría desaparece la primera corrupción. De ahí mi insistencia en ser alegre, en vivir celebrando, en disfrutar la vida, en aceptar nuestro cuerpo; no sólo aceptarlo sino también estar agradecidos a la existencia por habernos dado un cuerpo tan maravilloso. Un cuerpo tan sensible con tantas puertas para relacionarse con la realidad: vista, oídos, olfato y tacto. Abre todas esas puertas y deja que circule la brisa, deja que el sol de la vida brille en tu interior. Aprende a ser más sensible. Utiliza cualquier oportunidad que tengas para ser sensible de modo que puedas eliminar el primer filtro.

Si estás sentado en la hierba, deja de arrancarla y destruirla. Yo tuve que dejar de sentarme en el césped –solía reunirme con la gente en el césped– porque la gente no hacía más que destruir la hierba, arrancar la hierba. Tuve que dejarlo. La gente es tan violenta, tan inconscientemente violenta que no sabe lo que hace. Se les decía una y otra vez pero al cabo de unos minutos ya lo habían olvidado. Estaban tan inquietos que no sabían lo que hacían. La hierba estaba al servicio de su inquietud, así que empezaban a arrancarla y a destruirla.

Cuando estés sentado en la hierba, cierra los ojos, conviértete en hierba, sé herboso. Imagínate que tú eres la hierba, siente el verdor de la hierba, su humedad. Siente el aroma sutil que desprende la hierba. Siente las gotas de rocío sobre la hierba, imagínate que estuvieran sobre ti. Siente los rayos de sol rozando la hierba. Sumérgete durante unos instantes en esta sensación y tendrás una nueva visión de tu cuerpo. Haz esto en todo tipo de situaciones: en un río, en una piscina, cuando estés tomando el sol en la playa, cuando contemples la luna por la noche, cuando estés tumbado con los ojos cerrados y sintiendo la arena. Tienes millones de oportunidades para hacer que tu cuerpo reviva. Y sólo tú lo puedes hacer. La sociedad ya cumplió con su misión de corrupción, tú tienes que deshacer esta corrupción.

Cuando empieces a oír, a ver, a tocar, a oler, empezarás a oler la realidad.

Tienes millones de oportunidades para hacer que tu cuerpo reviva. Y sólo tú lo puedes hacer. La sociedad ya cumplió con su misión de corrupción, tú tienes que deshacer esta corrupción.

2. Condicionamientos

La segunda capa es la de los condicionamientos –sociales, políticos, religiosos, ideológicos–, las ideologías. Las ideologías te hacen no-comunicativo. Si eres hindú y yo soy musulmán, inmediatamente falla la comunicación. Si tú eres un hombre y yo soy un hombre hay comunicación pero, en cambio, si tú eres comunista y yo soy fascista, se corta la comunicación. Las ideologías son destructivas para la comunicación. Sin embargo, la vida no es otra cosa que comunicación: comunicación con los árboles, comunicación con los ríos, comunicación con el sol y con la luna, comunicación con las personas y los animales. Es comunicación, la vida es comunicación.

Cuando estás agobiado por las ideologías desaparece el diálogo. ¿Cómo vas a dialogar de verdad? Ya estás saturado con tus propias ideas y piensas que son totalmente ciertas. Si escuchas a los demás, lo haces sólo por educación; si no, no lo harías. Tú ya sabes lo que es verdad, sólo estás esperando que la otra persona termine para atacarla. Sí, puede haber un debate, una discusión, una disputa, pero no puede haber diálogo. Entre dos creencias no puede haber diálogo. Las creencias destruyen la amistad, las creencias destruyen la humanidad, las creencias destruyen la comunión.

Si quieres ver, oír y escuchar, tendrás que abandonar todas las ideologías. No puedes ser hindú, no puedes ser musulmán, no puedes ser cristiano. No te puedes permitir todas estas tonterías; tienes que ser lo suficientemente sensible para vivir sin creencias. Cuando estás enjaulado en tu propia ideología eres inabordable y el otro es inabordable para ti.

Cuando estás agobiado por las ideologías desaparece el diálogo. ¿Cómo vas a dialogar de verdad? Ya estás saturado con tus propias ideas y piensas que son totalmente ciertas.

La gente vive de tal modo que parece una casa sin ventanas. Sí, os acercáis, a veces chocáis, pero nunca os encontráis. Sí, alguna vez os tocáis pero nunca os encontráis. Habláis pero nunca os comunicáis. Todo el mundo está aprisionado en sus propios condicionantes, todo el mundo carga con su prisión. Hay que eliminarla.

Las creencias crean una especie de nube de contaminación y frenan la exploración, ya que uno tiene miedo. Quizá te encuentres con algo que vaya contra tu creencia,

¿entonces qué ocurre? Pondrá patas arriba toda tu ideología. Así que es mejor no explorar, quedarse confinado en un mundo definido, aburrido, muerto, sin sobrepasarlo nunca.

Te proporciona un conocimiento de tipo «como si», *como si* conocieras. No sabes nada; no sabes nada de Dios pero tienes una especie de creencia en Dios; no sabes nada sobre la verdad pero tienes una teoría sobre la verdad. Este «como si» es muy peligroso. Es una especie de estado mental hipnótico.

> *Las creencias crean una especie de nube de contaminación y frenan la exploración, ya que uno tiene miedo. Quizá te encuentres con algo que vaya contra tu creencia, ¿entonces qué ocurre? Pondrá patas arriba toda tu ideología.*

Los hombres y las mujeres han sido condicionados de forma distinta. El hombre ha sido condicionado para ser agresivo, para ser competitivo, para ser un manipulador, para ser egoísta. El hombre ha sido preparado para un tipo distinto de trabajo: para ser el explotador, para ser el opresor y para ser el maestro. A las mujeres se les ha dado otra ideología para que sean esclavas. Se les ha enseñado a ser sumisas; se les ha dado un mundo pequeñísimo, el entorno doméstico. Se les ha robado toda su vida. Sin embargo, una vez que su ideología se asienta, la mujer lo acepta y permanece allí confinada, y el hombre también acepta su ideología y permanece confinado en ella.

Al hombre se le ha enseñado a no llorar: las lágrimas no son masculinas, de modo que los hombres no lloran.

¿Qué tontería es ésta? Gimotear y llorar tiene a veces un gran efecto terapéutico; es necesario, es algo obligado, es algo que libera. El hombre se va agobiando a sí mismo porque no puede llorar ni sollozar, es poco masculino. En cambio, a las mujeres se les ha enseñado a llorar y sollozar, es algo totalmente femenino, de modo que no hacen más que llorar aunque no venga a cuento. No es más que un sistema de creencias: lo utilizan como una estrategia para manipular. La mujer sabe que no podrá vencer a su marido a través de la discusión pero puede llorar; eso sí que funciona, así que se convierte en su argumento. El hombre está corrompido en un sentido, no puede llorar, y la mujer está corrompida en otro sentido, empieza a llorar y utiliza su llanto como una estrategia para dominar. El llanto se vuelve político y cuando tus lágrimas son políticas pierden su belleza: son feas.

> *El hombre se va agobiando a sí mismo porque no puede llorar ni sollozar, es poco masculino. En cambio, a las mujeres se les ha enseñado a llorar y sollozar, es algo totalmente femenino, de modo que no hacen más que llorar aunque no venga a cuento.*

El segundo condicionamiento es una de las cosas de las que cuesta más librarse. Es muy complejo. Tienes una determinada ideología política, una determinada ideología religiosa y muchísimas más cosas que se mezclan en tu mente. Han llegado a formar parte de ti de tal forma que ya no piensas que sean algo separado de ti. Cuando dices: «Soy hindú», no dices: «Tengo una creencia que se llama hinduismo», no. Dices: «Soy hindú». Te identificas con el hinduismo. Si el hinduismo corre peligro, piensas que tú también corres peligro. Si alguien quema un templo piensas que estás en peligro. O, si eres musulmán, piensas que estás en peligro cuando alguien quema el Corán.

Hay que abandonar esas ideologías. De ese modo, surge la comprensión, surge la disposición para explorar, la inocencia. Entonces te encuentras rodeado por un sentido de misterio, de temor reverencial, de maravilla. La vida deja de ser algo ya sabido, ahora es una aventura. Es tan misteriosa que puedes continuar explorando; no tiene fin. No creas nunca en una ideología, permanece en un estado de no saber. Los sufíes y también los maestros zen insisten mucho en ese estado de no saber.

> *Tú no dices: «Tengo una creencia que se llama hinduismo», no. Dices: «Soy hindú». Te identificas con el hinduismo. Si el hinduismo corre peligro, piensas que tú también corres peligro.*

Permanece continuamente en ese estado de no saber. Si llegas a conocer algo, no hagas de ello una creencia. Abandónalo, déjalo. No permitas que te rodee, de lo contrario, tarde o temprano se convertirá en una corteza dura y de nuevo la vida no podrá llegar a ti.

Permanece siempre como un niño; de ese modo será posible la comunicación, será posible el diálogo. Cuando hablan dos personas que se hallan en un estado de desconocimiento, hay un encuentro, comulgan. No hay nada que estorbe. Sólo serás capaz de entenderme si estás en un estado de desconocimiento porque yo estoy continuamente en ese estado. La comunión conmigo es posible si abandonas tus ideologías, de lo contrario serán un estorbo en el camino.

3. Racionalización

El tercer filtro, la tercera capa, es el pseudo-razonamiento, la racionalización, las explicaciones, las excusas. No son más que préstamos. Ninguna de ellas constituye tu auténtica experiencia pero producen una especie de satisfacción: piensas que eres un ser muy racional.

No te puedes convertir en racional acumulando argumentos y pruebas prestadas. La razón auténtica sólo surge cuando eres inteligente pero, recuerda, existe una diferencia entre un intelectual y el hombre al que yo llamo inteligente. El intelectual se oculta tras el pseudo-razonamiento. Puede que su razonamiento sea muy lógico pero nunca será razonable. Su razón sólo es pseudo, simula ser razón.

> *Es el contexto lo que importa, no lo que dices. Lo que importa no es lo que dices sino quién eres.*

Escuchad el chiste que me contaron:

Un hombre se estaba ahogando y gritaba:

–¡Socorro! ¡No sé nadar! ¡No sé nadar!

–Yo tampoco –contestó un viejo que estaba sentado a la orilla del río mascando tabaco–, pero no me dedico a pregonarlo a los cuatro vientos.

Ésta es una respuesta totalmente racional: «¿Por qué te dedicas a pregonarlo? ¿No sabes nadar? Yo tampoco, así que cállate». Sin embargo, tú estás sentado en la orilla y él está en el río: la situación es diferente, el contexto es diferente.

Si Buda dice algo, tú puedes repetirlo pero el contexto es distinto. Si Mahoma dice algo, tú puedes repetir exactamente lo mismo, pero cambia el contexto. Es el contexto lo que importa, no lo que dices. Lo que importa no es lo que dices sino quién eres.

Una vez me contaron esta historia:

Pablo se arrodilla en el confesionario.

–Padre –gimotea–, he hecho algo tan malo que me va a expulsar de la Iglesia.

–¿Qué has hecho, hijo mío? –pregunta el sacerdote.

–Ayer –contesta Pablo–, vi a mi mujer en ropa interior frente a mí y me excité tanto que la agarré, le arranqué la ropa, la tiré al suelo e hicimos el amor allí mismo.

–Bueno, es un poco raro –contesta el sacerdote–, pero no hay razón para que te excomulgue.

–¿Seguro que no me va a expulsar de la Iglesia?

–Por supuesto que no.

–Vaya –dice Pablo–, ¡pues esos tipos nos echaron del supermercado!

Todo depende del contexto: quién eres, dónde estás. Depende del punto de vista, de qué experiencia estás hablando. Yo uso las mismas palabras que tú pero no significan lo mismo; no pueden significar lo mismo. Cuando yo las pronuncio, soy yo el que las pronuncia; cuando tú las pronuncias, eres tú el que las pronuncia. Las palabras son las mismas pero al provenir de espacios diferentes conllevan un significado diferente, una connotación diferente, un aroma diferente, una música diferente.

El pseudo-razonamiento no es más que razonamiento aparente; no es *conocimiento*. Sólo busca encontrar excusas; sólo busca argumentos. La mente masculina es una gran experta en este tipo de engaños. Son su especialidad. Ha aprendido este arte muy bien. En la mente masculina, este filtro es muy fuerte.

El razonamiento auténtico sólo surge cuando se ha abandonado el pseudo-razonamiento.

¿Qué es la auténtica razón? Karl Jaspers la ha definido muy bien. Dice: «La razón es apertura, la razón es claridad, la razón es deseo de unidad». La razón utiliza la lógica y sus métodos de categorías y de comprensión sólo para trascenderla. La razón es el supremo florecimiento de la sabiduría.

> *La razón es apertura, la razón es claridad, la razón es deseo de unidad. La razón utiliza la lógica y sus métodos de categorías y de comprensión sólo para trascenderla.*

Pero no el pseudo-razonamiento: cuidado con lo pseudo. Lo pseudo siempre crea un filtro y lo real siempre es una puerta. Lo real siempre es un puente y lo pseudo siempre es un muro.

La tercera capa, la del pseudo-razonamiento supone uno de los más grandes estorbos que hay en tu ser.

4. Sentimentalismo

La cuarta capa es la de la sensiblería, el sentimentalismo. Es el seudosentimiento, mucho ruido y pocas nueces, mucho aspaviento. La mente femenina es una gran experta en esto. Es una especie de vacío; es sólo superficial. Es una simpatía impotente, no hace nada. Si alguien está enfermo, te sientas a su lado y lloras. Tu llanto no le va a ayudar en absoluto. La casa está ardiendo y tú te pones a llorar: esto tampoco servirá de nada. Hay que detectar este sentimiento, de lo contrario nunca sabrás lo que es un sentimiento auténtico.

El sentimiento auténtico implica un compromiso, un vínculo. Es empatía, no sólo simpatía. Es acción. Cuando sientes algo realmente en tu corazón, te transformas inmediatamente; se convierte en acción. Ése es el criterio que te debe guiar: tu sentimiento se convierte en acción. Si tu sentimiento sólo se queda en sentimiento y nunca se convierte en acción, entonces, ten por seguro que es un pseudo-sentimiento. En ese caso, te estás engañando a ti mismo o a otra persona.

> *Cuando sientes algo realmente en tu corazón, te transformas inmediatamente; se convierte en acción. Ése es el criterio que te debe guiar: tu sentimiento se convierte en acción.*

Uno nunca puede ir contra su propio corazón. Si vas contra tu corazón debes tener un pseudo-corazón, un farsante. Al igual que la tercera capa es especialidad masculina, la cuarta capa es especialidad femenina.

5. Represión

En la quinta capa se encuentran los instintos corrompidos, envenenados: la represión.

Gurdjieff solía decir que todos tus centros se solapan unos a otros, están descolocados, interfieren los unos con los otros, invaden el campo de los otros de modo que tú no sabes cuál es cuál. Cada centro es maravilloso en su función, pero cuando empieza a interferir en la función de otro centro empieza a haber problemas. Todo el sistema se vuelve neurótico.

Por ejemplo, si tu centro sexual funciona como centro sexual, estupendo. Pero la gente lo ha reprimido de tal forma que, en muchas personas, el centro sexual no está en sus genitales, ha pasado a su cabeza. Eso es lo que quiere decir solapar. Entonces hacen el amor con la cabeza; de ahí la gran importancia de la pornografía, de la visualización. Incluso, cuando estás haciendo el amor con tu mujer, puede que estés pensando en una actriz muy guapa, en que estás haciendo el amor con ella. Sólo entonces, de repente, te dan ganas de hacer el amor con tu mujer. De hecho, tu misma mujer es no-existencial. Es una especie de masturbación. No estás haciendo el amor con ella, estás haciendo el amor con otra persona que no está allí. Tienes fantasías sexuales.

Si tu centro sexual funciona como centro sexual, estupendo. Pero la gente lo ha reprimido de tal forma que, en muchas personas, el centro sexual no está en sus genitales, ha pasado a su cabeza.

La represión religiosa ha afectado a tus centros. Te resulta muy difícil darte cuenta incluso de que tus centros están separados. Cada centro, en su propio terreno, es maravilloso. El problema surge cuando interfiere en el campo de otro centro. Entonces hay confusión de tu totalidad. Entonces dejas de saber qué es cada cosa.

El sexo se puede transformar cuando está circunscrito a su propio centro pero no se puede transformar desde la cabeza. Has creado un pseudo-centro en la cabeza.

Una vez oí la siguiente historia:

> De vez en cuando se les permite a los santos visitar la Tierra disfrazados. Hacía mucho que santa Teresa quería visitar Hollywood pero san Gabriel, que era el encargado de los permisos, pensaba que ni siquiera un santo sería capaz de salir incólume tras visitar la capital del cine. Sin embargo, finalmente, santa Teresa le persuade de que esto no le afectaría en absoluto y parte en la primera nube con destino a la Tierra.
>
> Pasaron semanas y meses sin que llegara ninguna noticia de la Tierra, así que, un día, san Gabriel, muy preocupado, pone una conferencia a Los Ángeles. Consigue conectar, suena el teléfono y, finalmente, una voz contesta:
>
> –Aquí Maritere, ¿quién es? ¡Gabi querido! ¡Qué sorpresa tan maravillosa oír de nuevo tu voz!

Aquellos a los que llamáis santos sólo están evitando el mundo. Son seres reprimidos. Si les surge la oportunidad, caerán más bajo que tú. Están, en cierta manera, conteniéndose por miedo al infierno y por un deseo incontenible de ganarse el cielo. Sin embargo, aquello que se ha reprimido por miedo o por avaricia permanece ahí. No sólo permanece ahí, sino que se desnaturaliza, se pervierte, pasa a los lugares más profundos de tu conciencia y de tu inconsciente: de ahí, es muy difícil que consigas hacerlo desaparecer.

Gurdjieff era sufí. Todas su enseñanzas provenían de los maestros sufíes. Introdujo en Occidente métodos para delimitar cada centro y permitir así que cada centro funcionara en su propio terreno.

La cabeza sólo debe funcionar en lo que se refiere a la razón, ya está. ¿Te has fijado en una cosa? A veces la gente dice: «Creo que te quiero». ¿*Creo* que te quiero? El amor no tiene nada que ver con la creencia. ¿Cómo vas a *creer* que me quieres? Pero estas personas no saben cómo actuar directamente desde el corazón; el corazón también tiene que ir a través de la cabeza. No pueden decir sencillamente: «Te quiero».

Cuando hablas desde el corazón, no hace falta ningún lenguaje. Cuando hablas desde la cabeza, sólo el lenguaje puede expresar algo; no hay otra manera de expresarlo.

Cuando hablas desde el corazón, no hace falta ningún lenguaje. Cuando hablas desde la cabeza, sólo el lenguaje puede expresar algo; no hay otra manera de expresarlo.

Mira y observa. Deja que la cabeza funcione como la razón, deja que el corazón funcione como pensamiento, deja que el sexo funcione como sexo. Permite que cada cosa funcione a su manera. No permitas que se mezclen los diferentes mecanismos unos con otros, de lo contrario tendrás instintos corrompidos.

Cuando el instinto es natural, sin tabúes, espontáneo, sin ninguna inhibición, existe una claridad en tu cuerpo, una armonía en tu cuerpo. En tu organismo hay un sonido constante.

La quinta capa de la represión es también una especialidad masculina.

6. La intuición corrompida

La sexta capa es la intuición corrompida.

Existe un fenómeno llamado intuición del cual somos prácticamente inconscientes. Desconocemos que existe algo llamado intuición porque la intuición es la sexta capa. Las otras cinco capas son tan gruesas que nunca llegamos a sentir la sexta.

La intuición es un fenómeno totalmente diferente de la razón. La razón argumenta, la razón utiliza un proceso para llegar a una conclusión. La intuición salta; es un salto cuántico. Desconoce todo proceso. Llega a la conclusión sin ningún proceso.

> *Cuando el instinto es natural, sin tabúes, espontáneo, sin ninguna inhibición, existe una claridad en tu cuerpo, una armonía en tu cuerpo. En tu organismo hay un sonido constante.*

Ha habido muchos matemáticos que podían resolver cualquier problema sin necesidad de seguir ningún proceso. Trabajaban de forma intuitiva. Enuncias el problema y, antes incluso de que hayas terminado el enunciado, llega la solución. No ha habido ningún lapso de tiempo. Lo estabas enunciando y en el momento en que terminaste, o incluso antes, llegó la solución. Los matemáticos siempre se han quedado asombrados con estos fenómenos extraños. Estas personas, ¿cómo lo hacen? Si un matemático tratara de resolver ese problema, le llevaría de una a tres horas. Incluso un ordenador tardaría al menos cinco minutos en resolverlo; sin embargo, estas personas no tardan nada. Lo dices e instantáneamente... De modo que en matemáticas, la intuición es ahora un hecho reconocido.

Cuando la razón falla, sólo nos queda la intuición. Los grandes científicos se han dado cuenta de que todos sus grandes descubrimientos no son fruto de la razón sino de la intuición. Madame Curie estuvo investigando la misma cuestión durante tres años, intentando resolverla de muchas maneras. Todas fallaron. Una noche en que estaba muy cansada se fue a dormir y decidió una cosa. La anécdota es parecida a lo que le ocurrió a Buda. Aquella noche decidió: «Ya basta. He desperdiciado tres años. Parece una búsqueda sin sentido. Tengo que abandonarla». Aquella noche la abandonó y se fue a dormir.

Por la noche se despertó, fue a su escritorio y anotó la respuesta. Después volvió a la cama y se durmió. No había nadie más en la habitación y, aunque hubiera habido alguien más, no habría encontrado la respuesta. Había estado investigando durantes tres años; era una de las personas más inteligentes de su época. No había nadie más pero allí estaba la respuesta. Miró más atentamente: ¡era su propia letra! De repente, recordó algo de lo que había pasado. Se vio a sí misma como en una nebulosa, sentada ante el escritorio y escribiendo algo. Poco a poco se fue aclarando todo. Llegó a la conclusión por otro camino que no era la razón. Era la intuición.

> *La razón argumenta,*
> *la razón utiliza un*
> *proceso para llegar*
> *a una conclusión.*
> *La intuición salta;*
> *es un salto cuántico.*
> *Desconoce todo proceso.*

Buda luchó durante seis años por alcanzar la iluminación pero no lo consiguió. Un día se olvidó de la idea de iluminarse. Se sentó a descansar bajo un árbol y, a la mañana siguiente, alcanzó la iluminación. Cuando abrió los ojos estaba en *samadhi*. Pero en primer lugar tuvo que agotar el camino de la razón. La intuición sólo funciona cuando la razón está agotada.

La intuición no utiliza ningún proceso, simplemente salta del problema a la solución. Es un atajo. Es un destello.

Hemos corrompido la intuición. La intuición del hombre está casi totalmente corrompida. La intuición de la mujer, en cambio, no está tan corrompida; por eso las mujeres tienen eso que se denomina «corazonadas». Una corazonada es un fragmento de intuición. No se puede probar. Vas a coger un avión a algún sitio y tu mujer te dice que ella no va a ir y que tampoco va a permitir que tú te vayas. Siente que va a ocurrir algo. Es una estupidez: tú tienes un montón de trabajo, ya lo has planeado todo y tienes que ir, pero tu mujer no te deja. Al día siguiente lees en los periódicos que han secuestrado el avión o que se estrelló y murieron todos los pasajeros. La mujer no puede decir por qué lo sabía. Es imposible. Es sólo una intuición, una sensación en el estómago. Sin embargo, también esto se puede corromper, por eso es sólo un destello.

Cuando la razón falla, sólo nos queda la intuición. Los grandes científicos se han dado cuenta de esto, de que todos sus grandes descubrimientos no son fruto de la razón sino de la intuición.

Cuando desaparecen las otras cinco capas y abandonas las ideas preconcebidas –porque te han enseñado que la razón es la única vía para alcanzar una solución– cuando abandonas esta fijación, esta fijación con la razón, empieza a florecer la intuición. Ya no es como un destello, es una fuente que está disponible constantemente. Puedes cerrar los ojos y sumergirte en ella: siempre descubrirás el camino correcto a seguir. Si se destruyen las otras cinco capas surge algo en ti que puedes llamar un guía interior. Puedes bucear siempre en tu energía intuitiva y siempre encontrarás el consejo adecuado. Esto es lo que han denominado en Oriente el gurú interior, tu maestro interior. Una vez que tu intuición ha empezado a funcionar ya no necesitas acudir a ningún otro gurú externo para pedirle consejo.

> *La intuición de la mujer, en cambio, no está tan corrompida; por eso las mujeres tienen eso que se denomina «corazonadas». Una corazonada es un fragmento de intuición. No se puede probar.*

La intuición tiene que estar en armonía con uno mismo, totalmente en armonía con uno mismo. La solución aparece desde la nada como consecuencia de esa armonía.

La función de lo femenino

Gosa Hoyen solía decir:

Cuando la gente me pregunta qué es el zen, les cuento la siguiente historia:

El hijo de un ladrón, al ver que su padre se estaba haciendo mayor, le pide que le enseñe el oficio para que pueda dirigir el negocio familiar cuando él se haya retirado.

El padre accede y aquella noche asaltan juntos una casa.

El padre abre un gran armario y le dice al hijo que coja la ropa. En cuanto el hijo se mete dentro del armario, el padre lo cierra con llave y empieza a hacer un montón de ruido, consiguiendo que toda la casa se despierte. Una vez conseguido esto, se escapa con mucho cuidado.

El chico, encerrado en el armario, está enfadado y atemorizado e intenta pensar cómo podría salir de allí. De repente, se le ocurre una idea: se pone a maullar.

La familia le dice a la criada que coja una vela e inspeccione el armario.

En cuanto abre el cerrojo, el chico sale inmediatamente, empuja a la criada, que se queda asombrada, apaga la vela y sale corriendo. La gente sale corriendo detrás de él.

Al ver un pozo a un lado de la carretera, el chico arroja dentro una gran piedra y después se esconde en la oscuridad. Los que le persiguen se amontonan alrededor del pozo esperando ver al ladrón ahogándose.

Cuando el chico llega a su casa está muy enfadado con su padre y le intenta contar toda la historia pero el padre le dice: «No te molestes en contarme los detalles. Estás aquí, ¿no? Entonces has aprendido el arte».

El ser es uno solo, el mundo son muchos... entre los dos se encuentra la mente dividida, la mente dual. Es igual que un gran árbol, un antiguo roble: el tronco es uno; después el árbol se divide en dos ramas principales, la principal bifurcación de la que nacen otras mil bifurcaciones de ramas. El ser es como el tronco del árbol –uno, no-dual– y la mente es la primera bifurcación en la que el árbol se divide en dos, se convierte en dual, se convierte en dialéctico: tesis y antítesis, hombre y mujer, yin y yang, día y noche, Dios y demonio, yoga y zen. Todas las dualidades del mundo están básicamente en la dualidad de la mente; más allá de esa dualidad se encuentra la unidad del ser. Si miras hacia abajo, por debajo de la dualidad, encontrarás uno: llámalo Dios, nirvana o como quieras.

Si miras hacia arriba, a través de la dualidad, llegarás al mundo de mil rostros.

Éste es uno de los enfoques básicos que hay que comprender: la mente no es una. De ahí que cualquier cosa que veas a través de la mente se convertirá en dos. Es como un rayo de luz blanca que atravesara un prisma: inmediatamente se descompone en siete colores y aparece el arco iris. Antes de atravesar el prisma era uno; se divide por medio del prisma, desapareciendo el color blanco y apareciendo en su lugar los siete colores del arco iris.

El mundo es el arco iris, la mente es el prisma y el ser es el rayo de luz blanca.

Las investigaciones modernas han descubierto un hecho muy importante, uno de los más importantes del siglo xx: que tú no tienes una sola mente, tienes dos mentes. Tu cerebro está dividido en dos hemisferios, el derecho y el izquierdo. El hemisferio derecho está ligado a tu lado izquierdo y el hemisferio izquierdo está ligado a tu lado derecho: están cruzados. El hemisferio derecho es intuitivo, ilógico, irracional, poético, platónico, imaginativo, romántico, mítico, religioso; el hemisferio izquierdo en cambio, es lógico, racional, matemático, aristotélico, científico, calculador.

Los dos hemisferios están continuamente en conflicto; la política fundamental del mundo está en tu interior, la mayor política del mundo está en tu interior. Puede que no te des cuenta de ello, pero una vez que te des cuenta tienes que hacer algo que esté realmente entre esas dos mentes.

La mano izquierda está relacionada con el hemisferio derecho –la intuición, la imaginación, el mito, la poesía, la religión–, sin embargo es una mano que siempre se condena. La sociedad pertenece a los diestros; los diestros están relacionados con el hemisferio izquierdo. El diez por ciento de los niños nacen zurdos pero se les fuerza a ser diestros. Los niños que nacen zurdos son fundamentalmente irracionales, intuitivos, no-matemáticos, no-euclidianos; son peligrosos para la sociedad, así que ésta los fuerza cada día a ser diestros. No es una cuestión de manos, es una cuestión totalmente política: los niños zurdos trabajan con el hemisferio derecho, y eso es algo que la sociedad no puede permitir, es peligroso, así que hay que atajarlo antes de que las cosas vayan demasiado lejos.

Se piensa que, en un principio, la proporción fue del cincuenta por ciento –un cincuenta por ciento de niños zurdos y un cincuenta por ciento de niños diestros– pero el partido de los diestros ha gobernado durante tanto tiempo que, poco a poco, la proporción se ha reducido a un diez por ciento frente a un noventa por ciento. Incluso entre los que estáis aquí habrá muchos que seáis zurdos y no lo sepáis. Puede que escribáis y trabajéis con la mano derecha pero puede que hayáis sido forzados durante vuestra niñez a ser diestros. Es una estrategia porque una vez que eres diestro, comienza a funcionar tu hemisferio izquierdo.

El hemisferio izquierdo es la razón; el hemisferio derecho está por encima de la razón, su papel no es matemático. Funciona a través de destellos, es intuitivo; muy agraciado pero irracional.

Si comprendes esta división, entenderás muchas cosas. Entre la burguesía y el proletariado, el proletariado siempre se rige por el hemisferio derecho del cerebro. Los pobres son siempre más intuitivos. Fíjate en los pueblos primitivos: son más intuitivos. Cuanto más pobre es una persona, menos intelectual es; y quizás ésta sea la causa de su pobreza, porque al ser menos intelectual no puede competir en el mundo de la razón. Es menos articulado en lo que se refiere a lenguaje, a la razón, al cálculo; es casi como un tonto. Quizás ésta sea la causa de su pobreza.

El rico se rige por el hemisferio izquierdo; es más calculador, matemático en todo, astuto, listo, lógico, y planea. Quizás ésta sea la razón de su riqueza.

La diferencia entre burguesía y proletariado no desaparecerá con revoluciones comunistas, no, porque la revolución comunista está hecha por el mismo tipo de personas. El zar gobernaba Rusia, gobernaba por medio de su hemisferio izquierdo. Después fue reemplazado por Lenin, que era la misma categoría de persona. Lenin fue reemplazado por Stalin, que pertenecía incluso más aún a esa categoría de persona. La revolución es falsa porque en el fondo está gobernando el mismo tipo de persona; gobernador y gobernados son lo mismo y los gobernados son los que se guían por el hemisferio derecho. Así que hagas lo que hagas en el mundo exterior, da igual, es superficial.

> *Una vez que empiezas a luchar contra alguien, poco a poco tienes que adoptar sus mismas técnicas y usos. De ese modo, puede que derrotes al enemigo pero para entonces te habrás convertido en tu propio enemigo.*

Esto mismo se puede aplicar a los hombres y a las mujeres. Las mujeres son personas que se rigen por el hemisferio derecho, los hombres por el izquierdo. Los hombres han sometido a las mujeres durante siglos. Ahora, algunas mujeres se están rebelando pero es asombroso ver cómo se convierten en el mismo tipo de personas. De hecho, son como hombres: racionales, argumentativas, aristotélicas. Es posible que un día, al igual que triunfó la revolución comunista en Rusia y en China, en algún lugar, quizás en América, las mujeres logren derrocar a los hombres. Sin embargo, en el momento en que las mujeres lo logren ya no serán mujeres, habrán pasado a regirse por el hemisferio izquierdo porque para luchar hay que ser calculador, y para luchar contra los hombres hay que ser como los hombres: agresivo. Esta agresividad se ve por todo el mundo en la liberación de la mujer. Las mujeres que forman parte de ese movimiento de liberación son muy agresivas, están perdiendo su gracilidad, todo aquello que proviene de la intuición, porque si quieres luchar contra los hombres tienes que utilizar sus mismos ardides, si tienes que luchar con hombres tienes que utilizar sus mismas tácticas.

Luchar contra alguien es algo muy peligroso porque te vuelves igual que tu enemigo. Ése es uno de los grandes problemas de la humanidad. Una vez que empiezas a luchar contra alguien, poco a poco tienes que adoptar sus mismas técnicas y usos. De ese modo, puede que derrotes al enemigo pero para entonces te habrás convertido en tu propio enemigo. Stalin se parecía más a un zar que cualquier otro zar, era más violento que cualquier zar. Evidentemente tiene que ser así: para derrotar a los zares hacen falta personas muy violentas, más violentas que el propio zar. Sólo esas personas serán revolucionarias, llegarán a la cumbre. En el momento en que lleguen, ellos mismos se habrán convertido en zares y, así, la sociedad continuará en el mismo camino. Sólo cambian las cosas superficiales, en el fondo permanece el mismo conflicto.

Stalin se parecía más a un zar que cualquier otro zar, era más violento que cualquier zar. Evidentemente tiene que ser así: para derrotar a los zares hacen falta personas muy violentas, más violentas que el propio zar.

El conflicto está en el hombre. A menos que se resuelva ahí, no se podrá resolver en ningún otro lugar. La política está en ti, está entre las dos partes de tu mente.

Existe un pequeño puente. Si se rompe por un accidente, un defecto físico o cualquier otra cosa, la persona queda dividida, se convierte en dos personas, y aparece el fenómeno de la esquizofrenia o «doble personalidad». Si el puente se rompe –es un puente muy frágil– te conviertes en dos, te comportas como dos personas distintas. Por la mañana eres muy cariñoso, maravilloso; por la tarde, estás completamente enfadado, totalmente cambiado. No te acuerdas de cómo eras por la mañana, ¿cómo te vas a acordar? En ese momento estaba funcionando otra mente; la persona se convierte en dos personas. Si se refuerza el puente de modo que desaparezcan las dos mentes y se conviertan en una, habrá integración, cristalización. Lo que Gurdjieff solía llamar la «cristalización del ser» no es más que las dos mentes convertidas en una, el encuentro en el interior de lo masculino y lo femenino, el encuentro del yin y el yang, el encuentro de derecha e izquierda, el encuentro de la lógica y lo ilógico, el encuentro de Platón y Aristóteles.

Lo que Gurdjieff solía llamar la «cristalización del ser» no es más que las dos mentes convertidas en una, el encuentro en el interior de lo masculino y lo femenino, el encuentro del yin y el yang, el encuentro de derecha e izquierda, el encuentro de la lógica y lo ilógico, el encuentro de Platón y Aristóteles.

Si eres capaz de entender esta bifurcación básica en tu

árbol de la mente puedes entender todo el conflicto que hay a tu alrededor y en tu interior.

Os voy a contar un chiste:

Entre los alemanes, se considera a Berlín la esencia de la brusquedad y eficiencia prusianas y a Viena la esencia del encanto y el desaliño austríacos. Hay un chiste sobre un berlinés que va a Viena y está perdido, así que necesita alguna indicación. ¿Qué es lo que hace? Agarra por la solapa al primer vienés que pasa y le ladra:

–La oficina de correos, ¿dónde está?

El vienés asombrado se libera con cuidado de la mano del otro, arregla su solapa y le dice de forma muy educada:

–Disculpe señor, ¿no habría sido más delicado por su parte si se me hubiera acercado educadamente y me hubiera dicho: «Oiga, por favor, ¿tiene un minuto? ¿Sabe usted dónde está la oficina de correos? ¿Podría indicarme el camino?».

El berlinés se le queda mirando asombrado durante unos instantes hasta que gruñe:

–¡Prefiero estar perdido! –Se marcha sin decir nada más.

Ese mismo vienés estaba de visita en Berlín ese mismo año y resultó que ahora era él el que buscaba la oficina de correos. Se acerca a un berlinés y le dice de forma educada:

–Oiga, por favor, disculpe un momento. ¿Sabría usted dónde está la oficina de correos? ¿Le importaría decirme cómo se va?

El berlinés contesta a la velocidad de un rayo:

–De frente, dos calles más allá gire a la derecha, una calle más allá, cruce la calle, gire a la derecha, camine por la izquierda atravesando las vías del tren; al pasar el quiosco de periódicos, encontrará la oficina de correos.

El vienés que, tras estas indicaciones, está más liado que antes, a pesar de todo, murmura:

–Muchísimas gracias, ha sido usted muy amable. –El berlinés le agarra furiosamente por el cuello de la camisa y le grita:

–Me dan igual las gracias. ¡Repita las instrucciones!

La mente femenina tiene elegancia, la mente masculina tiene eficiencia. Evidentemente, en esta larga carrera, si hay una lucha constante, la elegancia está destinada a ser vencida por la mente eficiente porque el mundo comprende el lenguaje de las matemáticas, no el del amor.

El berlinés representa la mente masculina, el vienés representa la mente femenina. La mente femenina tiene elegancia, la mente masculina tiene eficiencia. Evidentemente, en esta larga carrera, si hay una lucha constante, la elegancia está destinada a ser vencida por la mente eficiente porque el mundo comprende el lenguaje de las matemáticas, no el del amor. Sin embargo, en el momento en que tu eficiencia venza a tu elegancia habrás perdido algo realmente valioso: habrás perdido el contacto con tu propio ser. Puede que te hayas vuelto muy eficiente pero ya no serás una persona auténtica. Te habrás convertido en una máquina, en una especie de robot.

Como consecuencia de esto, siempre hay conflicto entre los hombres y las mujeres. No pueden estar separados, tienen que relacionarse una y otra vez, pero tampoco pueden estar juntos. El conflicto no está en el exterior, está dentro de ti.

Yo pienso que, a menos que resuelvas el conflicto interno entre hemisferio derecho e izquierdo, nunca llegarás a tener una relación amorosa pacífica –nunca– porque este conflicto interno se verá reflejado en el exterior. Si estás luchando en tu interior y te identificas con tu hemisferio izquierdo, el hemisferio de la razón, y estás intentando continuamente vencer al hemisferio derecho, intentarás hacer lo mismo con la mujer de la que te enamores. Si la mujer está continuamente luchando en su interior contra su propia razón, luchará continuamente con el hombre al que ama.

> *A menos que resuelvas el conflicto interno entre hemisferio derecho e izquierdo, nunca llegarás a tener una relación amorosa pacífica –nunca– porque este conflicto interno se verá reflejado en el exterior.*

Todas las relaciones –casi todas: las excepciones se pueden olvidar, se pueden descontar– son horribles. Al principio son maravillosas; al principio, tú no muestras la realidad sino que finges. Una vez que la relación se asienta y te relajas, empieza a rezumar tu conflicto interior y se empieza a reflejar en tu relación. Entonces comienza la lucha, surgen mil maneras de molestar al otro, de destruir al otro.

Hay personas que se me acercan y me preguntan cómo profundizar en una relación. Yo les contesto: «Primero, profundiza en la meditación». Mientras no hayas resuelto los problemas que hay en tu interior, crearás más problemas de los que ya tienes. Cuando estás teniendo una relación, todos tus problemas se multiplican. No tienes más que observar: lo más maravilloso del mundo es el amor, sin embargo, ¿puedes encontrar algo más horrible, algo que cree más conflictos?

El mulá Nasruddin me dijo una vez:

–Bueno, he estado posponiendo este día fatídico durante meses pero ahora tengo que ir.

–¿Al dentista o al médico? –le pregunté yo.

–A ninguno de los dos –me contestó–. Me caso.

Hay personas que se me acercan y me preguntan cómo profundizar en una relación. Yo les contesto: «Primero, profundiza en la meditación». Mientras no hayas resuelto los problemas que hay en tu interior, crearás más problemas de los que ya tienes.

Las personas no hacen más que evitar el matrimonio, posponerlo. Cuando llega un día en que ya no se pueden librar de él, se relajan. Si lo ves desde fuera, te puede parecer como un maravilloso oasis en medio del desierto pero, a medida que te acercas, el oasis se empieza a secar y a desaparecer. Cuando estás en él es como una cárcel; pero ten presente que la cárcel no proviene del otro sino de tu interior.

Si el hemisferio izquierdo continúa dominándote tendrás mucho éxito en la vida, tanto, que cuando tengas cuarenta años tendrás una úlcera; cuando tengas cuarenta y cinco habrás tenido al menos dos infartos; cuando tengas cincuenta, estarás a punto de morirte; ¡de morirte exitosamente! Puede que te conviertas en un gran científico pero nunca serás un gran ser humano. Puede que acumules muchas riquezas pero te perderás todo aquello que vale la pena. Puede que conquistes el mundo entero como Alejandro Magno pero no conquistarás tu territorio interior.

Hay muchas cosas que nos empujan a seguir al hemisferio izquierdo. Es el cerebro mundano, está más relacionado con las cosas materiales: coches, dinero, casas, poder, prestigio. Ésa es la orientación del hombre al que llamamos en la India *grustha*, el propietario de una casa.

El hemisferio derecho es el que sigue el *sannyasin*, la persona que está más interesada por su ser más profundo, su paz interior, su dicha, y menos preocupada por las cosas materiales. Si las obtiene fácilmente, estupendo; si no las obtiene, también estupendo. Porque está más interesado en el momento que en el futuro, está más interesado por la poesía de la vida que por la aritmética de la vida.

> *Si el hemisferio izquierdo continúa dominándote tendrás mucho éxito en la vida, tanto, que cuando tengas cuarenta años tendrás una úlcera; cuando tengas cuarenta y cinco habrás tenido al menos dos infartos.*

Me contaron este chiste:

Lucas había ganado muchísimo dinero en las carreras y Emilio –de modo bastante comprensible– tenía mucha envidia.

–¿Cómo lo conseguiste, Lucas? –le pregunta.

–Fue muy fácil –contesta Lucas–, lo soñé.

–¿Lo soñaste?

–Sí, pensé en tres caballos pero no estaba seguro del tercero. Entonces la noche anterior, soñé que había un ángel al pie de mi cama que me decía: «Bendito seas, Lucas, siete veces te bendigo siete veces». Cuando me desperté me di cuenta de que siete veces siete son cuarenta y ocho y que el caballo que tenía el número cuarenta y ocho se llamaba *Sueño Celestial*. Así que en mi apuesta puse como tercer caballo a *Sueño Celestial* y me lo llevé todo, lo que se dice todo.

Emilio le dice:

–¡Pero Lucas, siete por siete son cuarenta y nueve!

Lucas le contesta:

–Entonces, dedícate a las matemáticas.

Existe una forma de vivir de acuerdo con las matemáticas y otra de acuerdo con los sueños, con los sueños y las visiones. Son totalmente diferentes.

Precisamente el otro día me preguntó alguien: «¿Existen los fantasmas, las hadas y todas esas cosas?». Sí, existen; si te riges por el hemisferio derecho del cerebro, existen. Si te riges por el hemisferio izquierdo, no existen. Los niños se rigen por el hemisferio derecho; por todas partes ven fantasmas y hadas. Sin embargo, tú no haces más que hablar con ellos y decirles: «No son más que tonterías. ¡Qué tonto eres! ¿Dónde está el hada? No hay nada, no es más que una sombra». Poco a poco convences al niño, al niño indefenso; poco a poco lo convences y pasa del hemisferio derecho al hemisferio izquierdo. No le queda más remedio; tiene que vivir en tu mundo. Tiene que olvidarse de sus sueños, tiene que olvidarse del mito, tiene que olvidarse de la poesía, tiene que aprender matemáticas. Evidentemente, se convierte en un experto en matemáticas, y se queda casi mutilado y paralizado en la vida. La existencia se aleja cada vez más y él se convierte en una mercancía de mercado, toda su vida no es más que basura... aunque, por supuesto, muy valiosa a los ojos del mundo.

El *sannyasin* es aquel que vive utilizando la imaginación, que vive utilizando la capacidad ensoñadora de su mente. Que vive utilizando la poesía, que poetiza sobre la vida, que ve a través de visiones: los árboles son más verdes de lo que te parecen, los pájaros son más bellos; así, todo parece luminoso. Los simples guijarros se convierten en diamantes, las rocas corrientes ya no son corrientes, ¡nada es corriente! Si ves utilizando tu hemisferio derecho, todo se convierten en divino, en sagrado.

Un hombre estaba con un amigo en una cafetería tomando té. Observa su taza y dice suspirando:

–¡Ah! Amigo mío, la vida es como una taza de té.

El otro se queda pensando durante unos instantes y luego dice:

–¿Por qué? ¿Por qué dices que la vida es como una taza de té?

El otro le responde:

–¿Cómo lo voy a saber yo? ¿Acaso soy un filósofo?

El hemisferio derecho sólo habla sobre los hechos, no te puede dar razones. Si le preguntas: «¿Por qué?», se quedará callado, no tendrás respuesta. Si vas andando, ves una flor de loto y exclamas: «¡Preciosa!», y alguien te pregunta: «¿Por qué?», tú le contestarás: «¿Cómo voy a saberlo? ¿Acaso soy un filósofo?».

Es una simple expresión, muy simple, total en sí misma, completa. No existe ninguna razón tras ella ni ningún resultado más allá de ella, no es más que la manifestación de un hecho. Lee los Upanishads, no son más que manifestaciones de hechos. En ellos se dice: «Dios *es;* no preguntes por qué». Te dirán: «¿Acaso somos filósofos? ¿Cómo lo vamos a saber? Dios es». Dicen que Dios es maravilloso, dicen que Dios está muy cerca, más cerca que tu propio corazón, pero no preguntes por qué: no son filósofos.

Fíjate en los Evangelios y en las cosas que dice Jesús; son muy sencillas. Dice: «Dios está en el cielo. Yo soy su Hijo, Él es mi Padre». No preguntes por qué. No sería capaz de probarlo en un juicio, simplemente dirá: «Lo *sé*». Si le preguntas quién se lo ha dicho a Él, con qué autoridad dice todas esas cosas, te responderá: «Con mi propia autoridad. No tengo ninguna otra autoridad».

Ése es el problema cuando un hombre como Jesús va por el mundo. La mente racional no lo puede entender. No lo crucificaron por ninguna otra razón. Fue crucificado por el hemisferio izquierdo porque Él se regía por el hemisferio derecho. Fue crucificado por culpa del conflicto interior.

Lao Zi dice: «Todo el mundo parece ser muy listo, sólo yo estoy embrollado; todo el mundo parece estar en lo cierto, sólo yo estoy confuso y dubitativo». Es un hombre que se rige por el hemisferio derecho.

El hemisferio derecho es el hemisferio de la poesía y del amor. Hace falta un gran cambio; ese cambio es la transformación interior. El yoga es un esfuerzo por alcanzar la unidad del ser a través del hemisferio izquierdo, utilizando la lógica, las matemáticas, la ciencia, trascendiéndolas. El zen es precisamente lo contrario: el fin es el mismo pero el zen utiliza el hemisferio derecho para trascender. Se pueden utilizar ambos métodos pero el camino del yoga es un camino muy largo, larguísimo; es casi una lucha innecesaria porque estás intentando llegar a la supra-razón desde la razón, lo cual es mucho más difícil. El zen es más fácil porque supone un esfuerzo por alcanzar la supra-razón desde lo irracional. Lo irracional es casi como una supra-razón; no existen barreras. El yoga es como penetrar en un muro y el zen es como abrir una puerta. Puede que la puerta ni siquiera esté cerrada, sólo tienes que empujar un poco y se abre.

Ahora hablaré de la historia del principio. Es una de las más bellas historias zen. La gente que practica zen habla por medio de historias; tienen que hablar por medio de historias porque no pueden crear teorías ni doctrinas, sólo pueden contar historias. Son unos grandes cuentacuentos. Jesús siempre habla por medio de parábolas, Buda siempre habla por medio de parábolas: los místicos sufíes siempre hablan por medio de parábolas; no es una simple coincidencia. La historia, la parábola, la anécdota, son los caminos del hemisferio derecho; la argumentación lógica, la prueba, el silogismo, son los caminos del hemisferio izquierdo.

Prestad atención:

Gosa Hoyen solía decir: «Cuando la gente me pregunta qué es el zen les cuento la siguiente historia».

Esta historia nos explica realmente lo que es el zen; sin definirlo, nos lo indica. Es imposible una definición porque el zen en esencia, es indefinible. Puedes saborearlo pero no lo puedes definir, puedes vivirlo pero el lenguaje es insuficiente para expresarlo, puedes mostrarlo pero no lo puedes expresar: se puede transmitir por medio de una historia. Además, esta historia indica realmente, perfectamente, qué es el zen.

No es más que un gesto, no lo conviertas en una definición, no filosofes acerca de ello, permite que sea como un relámpago, un destello de comprensión. No va a aumentar tu conocimiento pero puede provocar en ti un cambio, un empuje, una especie de *gestalt*. Puede enviarte de una punta de la mente a la otra... y ése es el propósito de la historia.

El hijo de un ladrón, al ver que su padre se estaba haciendo mayor, le pide que le enseñe el oficio para que pueda dirigir el negocio familiar cuando él se haya retirado.

El oficio de ladrón no es algo científico, es un arte. Se nace ladrón al igual que se nace poeta; no es algo que puedas aprender, no te va a servir de nada aprender. Si lo aprendes, te cogerán porque la policía sabrá más que tú: han acumulado siglos de conocimiento.

El ladrón es ladrón de nacimiento. Vive a través de la intuición, tiene maña. Vive por medio de corazonadas: el ladrón es femenino. No es un hombre de negocios, es un jugador; lo arriesga todo por casi nada. Su negocio es el del peligro y el riesgo. Es casi como un hombre religioso. Las personas zen dicen que los religiosos son como ladrones, en su búsqueda de Dios son como ladrones. No hay forma de llegar a Dios por medio de la lógica, la razón o la sociedad, la cultura y la civilización establecidas. Rompen la valla por cualquier parte, entran por la puerta trasera. Si no les dejan durante el día, entran por la noche. Si no pueden seguir a la masa en la gran autopista, crean sus propios senderos en el bosque. Sí, hay cierta semejanza. Sólo puedes alcanzar a Dios si eres un ladrón, un artista que sabe cómo robar el fuego, cómo robar el tesoro.

El padre se iba a retirar y el hijo le pidió una cosa: «Antes de que te retires, enséñame el negocio».

El padre accede y aquella noche asaltan juntos una casa.

El padre abre un gran armario y le dice al hijo que coja la ropa. En cuanto el hijo se mete dentro del armario, el padre la cierra con llave y empieza a hacer un montón de ruido, consiguiendo que toda la casa se despierte. Una vez conseguido esto, se escapa con mucho cuidado.

Debía de ser un auténtico maestro, no un ladrón normal y corriente...

El chico, encerrado en el armario, está enfadado y atemorizado...

¡Claro! ¡Normal! ¡Vaya manera de enseñarle! Le había metido en una situación peligrosa. Sin embargo, ésta es la única manera de enseñarle a alguien algo de lo desconocido. Ésa es la única manera de enseñarle a alguien algo del hemisferio derecho.

El hemisferio izquierdo se puede enseñar en los colegios, se puede aprender; se puede tener una disciplina, se pueden recibir cursos graduales. Así, poco a poco, pasando de una clase a otra, consigues tu licenciatura en arte, en ciencias o en muchas otras cosas. En cambio, para el hemisferio derecho, no existe ninguna escuela: es intuitivo, no es gradual. Es algo repentino; es como un destello, como un relámpago en la oscuridad de la noche. Si ocurre, ocurre. Si no ocurre, no ocurre; no se puede hacer nada. Lo único que puedes hacer es ponerte en una situación en la que exista una mayor probabilidad de que ocurra.

Por eso digo que aquel hombre debió de ser un auténtico maestro.

El chico, encerrado en el armario, está enfadado y atemorizado...

No existía una forma lógica de salir de ese armario: estaba cerrado por fuera, el padre había hecho ruidos, toda la casa se había despertado, había gente moviéndose a su alrededor, buscando, y el padre se había ido. En esta situación, ¿existe alguna manera lógica de salir de ese armario?

La lógica falla, la razón no sirve para nada. ¿Qué puedes pensar? La mente se para de repente; eso es lo que pretende el padre, de eso se trata. Está intentando forzar al hijo a una situación donde la mente lógica se pare, porque un ladrón no necesita una mente lógica. Si utiliza la mente lógica, la policía le cogerá tarde o temprano porque también utiliza esa misma lógica.

Esto es algo que ocurrió durante la Segunda Guerra Mundial. Adolph Hitler ganó durante tres años precisamente porque era ilógico. El resto de los países que luchaban contra él lo hacían de forma lógica.

Naturalmente que tenían buenas estrategias militares, entrenamiento militar y todo lo demás, y también expertos que les decían: «Hitler va a atacar por este lado». Si Hitler hubiera estado en sus cabales habría hecho eso, porque era el punto más débil de la defensa enemiga. Evidentemente hay que atacar al enemigo por su punto más débil, es algo lógico. De modo que esperaban a Hitler en el punto más débil, se concentraban todos allí y él, sin embargo, atacaba por cualquier otra parte, de forma impredecible.

No seguía ni siquiera los consejos de sus generales; tenía un astrólogo que le sugería por dónde atacar. Esto es algo que no había ocurrido antes: ¡la guerra no es un asunto de astrólogos! Una vez que Churchill lo entendió, una vez que los espías le dijeron que no iban a ganar nunca a ese hombre porque era completamente ilógico, que un astrólogo loco que no sabía nada de guerras y que nunca había estado en el frente era el que estaba decidiendo las cosas, decidiendo según las estrellas... –¿Qué tienen que ver las estrellas con una guerra en la tierra?–, Churchill inmediatamente designó un astrólogo real para el rey y empezaron a seguir las instrucciones del astrólogo. De ese modo las cosas empezaron a encauzarse, ya que ahora eran *dos* locos los que predecían los acontecimientos. Las cosas se volvieron más fáciles.

Si un ladrón sigue a Aristóteles, le cogerán tarde o temprano porque la policía sigue esa misma lógica aristotélica. Si te riges por la lógica, te cogerá por cualquier parte cualquiera que siga un método lógico. Un ladrón tiene que ser impredecible; no es posible la lógica. Tiene que ser ilógico, tanto que nadie lo pueda predecir. Pero sólo es posible ser ilógico si te riges por el hemisferio derecho.

El chico, encerrado en el armario, está enfadado y atemorizado e intentando pensar cómo podría salir de allí.

«Cómo» es una pregunta lógica. De ahí que estuviera atemorizado porque no había ninguna escapatoria; «cómo» era totalmente impotente.

Entonces se le ocurrió de repente una idea: esto supone un cambio. Sólo en situaciones peligrosas en las que el hemisferio izquierdo no puede funcionar, permite éste, como último recurso, que el hemisferio derecho actúe. Cuando no puede funcionar, cuando siente que ya no hay ningún lugar adonde ir, entonces se siente derrotado, entonces piensa, ¿por qué no dar una oportunidad a la parte oprimida y prisionera de la mente? Dale una oportunidad. Quizá... No puede pasar nada malo.

De repente, se le ocurre una idea: se pone a maullar.

Esto no es algo lógico. ¿Ponerse a maullar? Es una idea absurda pero funcionó.

La familia le dice a la criada que coja una vela e inspeccione el armario.

En cuanto abre el cerrojo, el chico sale inmediatamente, empuja a la criada, que se queda asombrada, apaga la vela y sale corriendo. La gente sale corriendo detrás de él.

Al ver un pozo a un lado de la carretera, el chico arroja dentro una gran piedra y después se esconde en la oscuridad. Los que le perseguían se amontonan alrededor del pozo esperando ver al ladrón ahogándose.

> *Pensar está muy bien cuando estás sentado en el sofá. En cambio, cuando la gente te está persiguiendo y tu vida está en peligro no tienes tiempo para pensar: uno vive en el momento, se vuelve espontáneo.*

Tampoco esto es algo que pertenezca a la mente lógica porque la mente lógica necesita tiempo para actuar, para pensar, para discutir si por este camino o por el otro, para sopesar todas las alternativas. Existen mil alternativas pero cuando te encuentras en una situación como ésta no tienes tiempo para pensar. ¿Cómo vas a pensar cuando la gente te está persiguiendo? Pensar está muy bien cuando estás sentado en el sofá. Puedes filosofar, pensar y argumentar con los ojos cerrados, a favor de esto y contra aquello, los pros y los contras. En cambio, cuando la gente te está persiguiendo y tu vida está en peligro no tienes tiempo para pensar: uno vive en el momento, se vuelve espontáneo. No es que *decidiera* tirar la piedra, es algo que sencillamente *ocurrió*. No fue una conclusión a la que llegó, no estaba pensando en hacerlo sino que se encontró a sí mismo haciéndolo. Tiró una piedra en el pozo y se escondió en la oscuridad. Los que le perseguían se pararon y pensaron que el ladrón se había ahogado en el pozo.

Cuando el chico llega a su casa está muy enfadado con su padre y le intenta contar toda la historia pero el padre le dice: «No te molestes en contarme los detalles. Estás aquí, ¿no? Entonces has aprendido el arte».

¿Para qué sirve contar los detalles? No tienen ninguna importancia.

Los detalles no tienen ninguna importancia cuando se trata de la intuición, porque la intuición nunca es una repetición. Los detalles tienen sentido cuando se trata de lógica; la gente lógica no deja de enumerar los detalles, de modo que cuando se dé la misma situación otra vez, la controlarán y sabrán qué hacer. En cambio, en la vida de un ladrón nunca se repite la misma situación.

Si tienes soluciones en tu mente estarás medio muerto, no responderás. En la vida hacen falta respuestas, no reacciones: tienes que actuar desde la nada, sin que tengas la solución.

En la vida real tampoco se repite nunca la misma situación. Si tienes soluciones en tu mente estarás medio muerto, no responderás. En la vida hacen falta respuestas, no reacciones: tienes que actuar desde la nada, sin que tengas la solución. Tienes que actuar sin ningún centro; tienes que actuar en lo desconocido, desde lo desconocido.

Esto es lo que Gosa Hoyen solía decir cuando la gente le preguntaba qué era el zen. Les contaba esta historia. ¡El zen es lo mismo que robar! Es un arte, no una ciencia. Es femenino, no es masculino; no es agresivo, es receptivo. No es una metodología bien estructurada, es espontaneidad. No tiene nada que ver con teorías, hipótesis, doctrinas, escrituras... Sólo tiene que ver con una cosa: la conciencia.

¿Qué es lo que ocurrió durante el tiempo en que el chico estuvo encerrado dentro del armario? En semejante peligro no puedes estar adormilado, en semejante peligro tu conciencia se vuelve muy despierta: no tiene otro remedio. La vida es una aventura, tú estás totalmente despierto.

Uno debería estar totalmente despierto a cada momento. Cuando estás completamente despierto, tiene lugar ese cambio. La energía pasa del hemisferio izquierdo al derecho.

Siempre que estás alerta te vuelves intuitivo; te llegan destellos, destellos de lo desconocido, sin venir a cuento. Puede que no los sigas; entonces perderás mucho.

Cuando estés en una situación en la que falle la lógica, no desesperes, no pierdas la esperanza. Esos momentos te pueden proporcionar las mayores alegrías de tu vida.

Cuando estés en una situación en la que falle la lógica, no desesperes, no pierdas la esperanza. Esos momentos te pueden proporcionar las mayores alegrías de tu vida. Ésos son los momentos en los que el hemisferio izquierdo permite actuar al derecho. En esos momentos, la parte femenina, la parte receptiva te da una idea. Si la sigues, se te abrirán muchas puertas. Pero puede que no la sigas, puede que digas: ¡qué tontería!

Este muchacho podía haber echado por tierra aquella idea. No es una idea muy normal, regular, lógica; ¿ponerse a maullar? ¿Para qué? Podía haber pensado: «¿Por qué?»; si hubiera hecho esto, habría perdido todo. Sin embargo, no lo pudo pensar porque la situación era tal que no había otro camino. De modo que se dijo: «Vamos a intentarlo. ¿Qué puedo perder con ello?». Utilizó esa pista.

El padre estaba en lo cierto. Le dijo: «No entres en detalles, no importan. Has vuelto, ¿no? Entonces has aprendido el arte».

El arte consiste en saber cómo regirse por la parte femenina de la mente, porque lo femenino está ligado al todo, y lo masculino, en cambio, no está ligado al todo. Lo masculino es agresivo, lo masculino está luchando continuamente; lo femenino está continuamente rindiéndose, en total confianza. Por eso el cuerpo femenino es tan bello, tan lleno de curvas. Está en profunda confianza y armonía con la naturaleza. La mujer vive en total rendición; el hombre está continuamente luchando, enfadado, haciendo esto y aquello, intentando probar algo, intentando llegar a algún lado.

Pregúntales a las mujeres si les gustaría ir a la luna. Se quedarán asombradas, ¿para qué? ¿Qué sentido tiene? ¿Por qué tomarse tantas molestias? Con lo bien que se está en casita. A la mujer le interesa más lo inmediato, el aquí y el ahora; eso le da una cierta armonía, una cierta gracilidad. El hombre está siempre intentando probar algo. Si quieres probar algo, evidentemente, tienes que luchar, competir y acumular.

Una vez, una mujer intenta hablar con el profesor García pero éste parece no tener el más mínimo interés en ella.

–¿Por qué, profesor? –le dice ella irónicamente–. Me parece que usted prefiere la compañía de los hombres a la de las mujeres.

–Señora –contesta el doctor García–, me encanta la compañía de las mujeres. Admiro su belleza, su delicadeza, su vivacidad... y me encanta su silencio.

El hombre ha forzado a la mujer a estar callada, no sólo exteriormente sino también interiormente; ha forzado a la parte femenina a estar callada. Observa en tu interior. Cuando la parte femenina dice algo, tú inmediatamente saltas y dices: «¡Ilógico, absurdo!». Es el doctor García que trata de mantener callada a la mujer.

El hombre ha forzado a la mujer a estar callada, no sólo exteriormente sino también interiormente; ha forzado a la parte femenina a estar callada. Observa en tu interior. Cuando la parte femenina dice algo, tú inmediatamente saltas y dices: «¡Ilógico, absurdo!».

El corazón es femenino. Te pierdes muchas cosas en la vida porque la cabeza no deja de hablar, no le deja hueco al corazón. La única cualidad de la cabeza es que es más articulada, lista, peligrosa, violenta. Gracias a su violencia se ha convertido en el líder del interior, y ese liderazgo interior se ha convertido en un liderazgo exterior en los hombres. Los hombres han dominado a las mujeres también en el mundo exterior; la gracilidad es dominada por la violencia.

Invitaron al mulá Nasruddin a una función en una escuela. Había una reunión de alumnos en la que se hacía una procesión de acuerdo con la estatura: del más bajo al más alto. Sin embargo, el mulá observa que el chico que encabezaba la procesión no cumplía esta norma. Era un chico larguirucho que sacaba una cabeza a todo el resto.

–¿Por qué está el primero? –le pregunta el mulá a una chica–. ¿Es el líder de la escuela, el delegado o algo así?

–No –susurra la chica–, pellizca.

La mente masculina no hace más que pinchar, crear problemas; los problemáticos se convierten en líderes. En un colegio, los profesores listos eligen a los niños más problemáticos como delegados de clase y líderes de la escuela; a los que causan problemas, a los revoltosos. Una vez que tienen poder, toda la energía que utilizaban para causar problemas se vuelve útil para el maestro. Empiezan a mantener la disciplina... ¡esos mismos niños!

> *En un colegio, los profesores listos eligen a los niños más problemáticos como delegados de clase y líderes de la escuela; a los que causan problemas, a los revoltosos.*

No tienes más que observar a los políticos en el mundo: cuando un partido está en el poder, el partido de la oposición no hace más que crearle problemas al país. Son los que se saltan las leyes, los revolucionarios, y el partido que está en el poder sigue manteniendo la disciplina. Cuando se les acaba el poder, serán *ellos* los que crearán problemas. Y el partido de la oposición, en cuanto llega al poder, se convierte en guardián de la disciplina.

Todos crean problemas.

La mente masculina es una máquina de crear problemas: por eso se impone, domina. Sin embargo, en lo más profundo, aunque tengas poder te perderás la vida; en el fondo, sigue funcionando la mente femenina. A menos que te postres ante lo femenino y te rindas, a menos que tu resistencia y tu lucha se conviertan en una rendición, no conocerás la auténtica vida y su celebración.

Una vez oí esta anécdota:

> Un científico americano visitó una vez la oficina del ganador del premio Nobel de Física, Niel Bohr, en Copenhague, y le sorprendió encontrar frente a su mesa de trabajo una herradura. Estaba bien sujeta a la pared con el lado abierto hacia arriba, como mandan los cánones, de modo que capte la buena suerte y no la deje escapar.
>
> El americano suelta una risita nerviosa y dice:
>
> –No me irá a decir, profesor Bohr, que cree usted que una herradura le va a dar buena suerte, ¿no? Un científico de su talla...
>
> Bohr sonríe:
>
> –Amigo mío, no creo tal cosa, en absoluto. No soy del tipo de personas que creen en semejantes tonterías. Sin embargo, me han dicho que la herradura trae buena suerte independientemente de que uno lo crea o no lo crea.

Profundiza un poco más y justo debajo de tu lógica descubrirás el fluir de las frescas aguas de la intuición, las frescas aguas de la confianza.

El zen es el camino de lo espontáneo, el descansado esfuerzo, el camino de la intuición.

El maestro zen Ikkiu, un gran poeta, dijo:

«Puedo ver nubes que se encuentran a miles de kilómetros de distancia, oír la música ancestral en los pinos.»

De eso trata el zen. Con la mente lógica no puedes ver nubes que se encuentren a miles de kilómetros de distancia. La mente lógica es como el cristal, está muy sucia, cubierta por el polvo de las ideas, las teorías, las doctrinas. En cambio, con el cristal impoluto de la intuición, puedes ver nubes que se encuentran a miles de kilómetros de distancia; sin pensamiento, simplemente conciencia. El espejo está limpio y la claridad es suprema.

No puedes oír música ancestral en los pinos con la mente corriente, ordinaria. ¿Cómo vas a oír música ancestral? La música, una vez que desaparece, desaparece para siempre.

Sin embargo, te diré que Ikkiu tiene razón: puedes oír música ancestral en los pinos –yo la he oído–, pero hace falta un movimiento, un cambio total, un cambio gestáltico. De ese modo puedes ver de nuevo a Buda predicando y hablando. Puedes oír música ancestral en los pinos porque es una música eterna, nunca desaparece. Has perdido la capacidad de oírla. La música es eterna; una vez que recobres tu capacidad, la oirás de nuevo. Siempre ha estado ahí, el único que no estaba ahí eras tú.

Estate aquí y ahora y podrás ver nubes que se encuentran a miles de kilómetros de distancia y oír música ancestral en los pinos.

Dirígete cada vez más hacia el hemisferio derecho, sé cada vez más femenino, más cariñoso, ríndete cada vez más, sé más confiado, cada vez más cercano al todo. No intentes ser una isla, sé parte del continente.

Da un paso del pensamiento al sentimiento

El intelecto es una carga pesada; la inteligencia es algo más total. El intelecto es algo prestado; la inteligencia, en cambio, es tuya. El intelecto es lógico, racional; la inteligencia es más que lógica, es súper-lógica, es intuitiva. El intelectual vive a través de argumentos. Ciertamente, los argumentos te pueden conducir a un punto determinado, pero más allá de éste hacen falta las corazonadas.

> *En ocasiones, la persona razonable estará dispuesta a aceptar también lo irracional porque es razonable. Comprende que también existe lo irracional. La persona racional no puede entender nunca que exista también lo irracional.*

Incluso los grandes científicos que trabajan utilizando la razón llegan a un punto en el que la razón ya no sirve: allí esperan una corazonada, un destello de intuición, alguna luz desde lo desconocido. Siempre tiene lugar: cuando has trabajado mucho con el intelecto, no crees que éste lo sea todo y estás abierto al más allá, y un día te llega un rayo. No es tuyo, pero a la vez es tuyo porque no es de nadie más. Procede de tu mismo centro. Parece como si procediera del más allá porque desconoces dónde está el centro de tu intuición.

La palabra sánscrita *sadhumati* es preciosa. *Mati* significa «inteligencia» y *sadhu* significa «sabio»: inteligencia sabia. No sólo inteligencia sino inteligencia sabia. Hay gente que puede que sea racional pero no es razonable: ser razonable es más que ser racional. En ocasiones, la persona razonable estará dispuesta a aceptar también lo irracional porque es razonable. Comprende que también existe lo irracional. La persona racional no puede entender nunca que exista también lo irracional: sólo cree en lo limitado, en el silogismo lógico.

Sin embargo, hay cosas que no se pueden probar lógicamente, y, a pesar de ello, existen. Todo el mundo sabe que existen pero nadie ha sido capaz de demostrarlas. El amor existe; nadie ha sido capaz de demostrar lo que es, o si existe o no, pero todo el mundo lo sabe: el amor existe. Incluso la gente que lo niega –que no está dispuesta a aceptar nada que trascienda la lógica– se enamora. Cuando estas personas se enamoran, tienen problemas, se sienten culpables.

La inteligencia es la capacidad innata de ver, de percibir. Todo niño nace inteligente, después la sociedad lo idiotiza. Lo educamos en la idiotez, y tarde o temprano se gradúa en idiotez.

Sin embargo, el amor existe.

A nadie le satisface únicamente el intelecto a menos que el corazón se sienta también colmado. Éstas son las dos polaridades que hay en ti: la cabeza y el corazón.

La inteligencia es la capacidad innata de ver, de percibir. Todo niño nace inteligente, después la sociedad lo idiotiza. Lo educamos en la idiotez, y tarde o temprano se gradúa en idiotez.

La inteligencia es un fenómeno natural, tan natural como la respiración, como la vista. La inteligencia es la visión interior, es intuitiva. No tiene nada que ver con el intelecto, recuerda esto. No confundas nunca el intelecto con la inteligencia: son polos opuestos. El intelecto pertenece a la cabeza; es algo que te enseñan otros, que te imponen otros. Tienes que cultivarlo. Es algo prestado, es algo ajeno, no es algo innato.

La inteligencia, en cambio, es innata. Forma parte de tu propio ser, de tu propia naturaleza. Todos los animales son inteligentes. No son intelectuales, es verdad, pero son inteligentes. Los árboles son inteligentes, toda la existencia es inteligente, cada niño que nace es inteligente. ¿Has visto alguna vez a un niño estúpido? ¡Es imposible! En cambio, es muy raro encontrarte a un adulto inteligente; entre medias hay algo que falla.

El intelecto pertenece a la cabeza; es algo que te enseñan otros, que te imponen otros. Tienes que cultivarlo. Es algo prestado, es algo ajeno, no es algo innato. La inteligencia, en cambio, es innata. Forma parte de tu propio ser, de tu propia naturaleza.

Un amigo me envió esta historia. Me gustaría que la oyerais; quizás os sirva de algo. La historia se llama *La Escuela de los Animales.*

Los animales se reunieron un día en el bosque y decidieron crear una escuela. La junta directiva la formaron un conejo, un pájaro, una ardilla, un pez y una anguila. El conejo insistía en que una de las asignaturas fuera correr. El pájaro insistía en que una de las asignaturas fuera volar. El pez insistía en que nadar fuera una de las asignaturas y la ardilla en que la subida a los árboles en perpendicular era una materia imprescindible. Juntaron todas esas cosas e hicieron el plan de estudios. Insistieron mucho en que todos los animales dieran todas las materias.

Para el conejo, que sacaba «Sobresaliente» en correr, la subida a los árboles en perpendicular constituía un auténtico problema. No hacía más que caerse de espaldas. Al cabo de poco tiempo le dio una especie de derrame cerebral y ya no pudo volver a correr. Se encontró con que, en vez de sacar «Sobresaliente» en correr, estaba sacando «Bien» y, por supuesto, seguía sacando «Suspenso» en la subida en perpendicular. El pájaro era buenísimo en vuelo pero cuando le tocaba arrastrarse por el suelo ya no lo hacía tan bien. No hacía más que romperse el pico y las alas. Al cabo de poco tiempo sacaba «Bien» en vuelo y «Suspenso» en correr, y sufría lo indecible con la subida a los árboles en perpendicular. Al final, el animal que terminó siendo el mejor de la clase fue la tonta de la anguila que lo hacía todo a medias. Sin embargo, los profesores estaban muy contentos porque cada alumno daba todas las materias y lo llamaron «educación integral».

Nos reímos con esta historia pero, en realidad, esto es lo que sucede. Es lo que os ha ocurrido a vosotros. Realmente intentamos que todo el mundo sea igual a todo el mundo, destruyendo de esa manera el potencial que tiene cada persona para ser ella misma.

La inteligencia se consume al imitar a los demás. Si quieres seguir siendo inteligente, tendrás que dejar de imitar. La inteligencia se destruye al copiar, al convertirse en una fotocopia. Cuando empiezas a pensar cómo ser como otra persona estás abandonando tu inteligencia y te estás volviendo idiota. Cuando te comparas con otra persona estás perdiendo tu potencial natural. De ese modo, nunca serás feliz ni limpio, claro, transparente. Perderás tu claridad, perderás tu visión. Tendrás ojos prestados, pero ¿cómo vas a ver con los ojos de otra persona? Necesitas tus propios ojos, necesitas tus propias piernas para caminar, necesitas que lata tu propio corazón.

La gente vive una vida prestada, por eso se paraliza su vida. Esta parálisis les hace parecer bastante idiotas.

> *¿Cómo vas a ver con los ojos de otra persona? Necesitas tus propios ojos, necesitas tus propias piernas para caminar, necesitas que lata tu propio corazón.*

En el mundo hace falta un tipo de educación completamente distinto. La persona que nace para ser poeta se demuestra a sí misma que es totalmente negada para las matemáticas y la persona que podría ser un gran matemático no hace más que tragarse libros de historia y estar amargado. Todo está patas arriba porque la educación no se ajusta a tu naturaleza. No respeta en absoluto al individuo, fuerza a todo el mundo a ajustarse a un determinado patrón. Quizá, de casualidad, ese patrón se ajuste a algunas personas, pero la mayoría se encuentra perdida y es infeliz.

La mayor infelicidad de la vida consiste en sentirse estúpido, inútil, tonto. Nadie nace tonto; nadie nace tonto porque provenimos de la existencia. La existencia es pura inteligencia. Cuando venimos al mundo tenemos cierto sabor, cierta fragancia del más allá, pero inmediatamente la sociedad se abalanza sobre nosotros y empieza a manipular, enseñar, cambiar, cortar, añadir, y muy pronto pierdes tu figura, tu forma. La sociedad quiere que seas obediente, conformista, ortodoxo. Así se destruye tu inteligencia.

Vives en una prisión; puedes salir de ella. Será muy difícil salir de ella porque ya te has acostumbrado a ella. Será difícil salir porque no es como la ropa; hace tanto tiempo que vives en esta prisión que casi se ha convertido en tu piel. Te costará mucho salir porque es toda tu identidad pero, si realmente quieres recuperar tu auténtico ser, tienes que abandonarla.

> *La existencia es pura inteligencia. Cuando venimos al mundo tenemos cierto sabor, cierta fragancia del más allá pero inmediatamente la sociedad se abalanza sobre nosotros y empieza a manipular, enseñar, cambiar, cortar, añadir, y muy pronto pierdes tu figura, tu forma.*

Si realmente quieres ser inteligente, tienes que ser rebelde. Sólo son inteligentes las personas rebeldes. ¿Qué es lo que quiero decir con rebelión? Quiero decir abandonar todo aquello a lo que te han forzado en contra de tu deseo. Busca de nuevo quién eres, empieza de cero. Piensa que, hasta ahora, has desperdiciado tu vida porque no has hecho más que obedecer.

No hay ninguna persona que sea igual a otra, cada persona es única –ésa es la naturaleza de la inteligencia– y no se puede comparar. No te compares con nadie. ¿Cómo te vas a comparar? Tú eres tú y el otro es el otro. No os parecéis, la comparación no es posible.

Sin embargo, nos han enseñado a comparar y estamos continuamente comparando. Directamente, indirectamente, conscientemente, inconscientemente: no dejamos de comparar. Si te dedicas a comparar nunca serás tú mismo: esta persona es más guapa que tú, ésa es más alta, aquélla tiene mejor salud, pero ésta, ésa y aquélla son otra cosa; otra persona tiene una voz preciosa... te agobiarás cada vez más si sigues comparándote. Estás rodeado de millones de personas: quedarás aplastado por tus comparaciones.

Además, tú tenías un alma maravillosa, un ser maravilloso que quería florecer para convertirse en una flor de oro, pero tú impediste que esto ocurriera.

No hay ninguna persona que sea igual a otra, cada persona es única –ésa es la naturaleza de la inteligencia– y no se pueden comparar. No te compares con nadie.

Quítate todo ese peso de encima. Déjalo a un lado. Recobra, recupera tu inocencia, tu infancia. Jesús está en lo cierto cuando dice: «A menos que nazcas de nuevo no entrarás en el reino de los cielos». Yo os digo lo mismo: a menos que nazcas de nuevo...

Libérate de toda la basura que te han echado encima. Renuévate, empieza desde el principio: te sorprenderá cuánta inteligencia se libera inmediatamente.

La inteligencia es la capacidad de ver, de entender, de vivir tu propia vida de acuerdo con tu propia naturaleza. Eso es la inteligencia. Pero ¿qué es la idiotez? Seguir a otros, imitar a otros, obedecer a otros. Mirar a través de sus ojos, tratar de absorber su conocimiento como si fuera tuyo: eso es la idiotez.

Por eso los pandits son casi siempre personas idiotas. Son loros, no hacen más que repetir. Son discos rayados. Tienen una habilidad enorme para repetir pero si se les plantea una situación nueva, una situación que no viene en sus libros, están perdidos. No tienen nada de inteligencia. La inteligencia es la capacidad de responder a cada momento de la vida según ocurre, sin ningún programa establecido.

Sólo las personas idiotas tienen un programa. Tienen miedo, saben que no tienen la suficiente inteligencia para enfrentarse a la vida tal como es. Tienen que estar preparados, ensayan. Preparan la respuesta antes incluso de que les hagan la pregunta; de ese modo demuestran que son idiotas porque la pregunta nunca es igual. La pregunta es nueva cada vez. Cada día nos trae nuevos problemas, nuevos retos y cada momento nos trae nuevas preguntas. Si tienes las respuestas preparadas en tu mente, no serás capaz siquiera de escuchar la pregunta. Responderás siempre de acuerdo con la respuesta que tenías preparada, que no tiene la menor importancia, que no tiene ninguna relación con la realidad.

Los pandits son casi siempre personas idiotas. Son loros, no hacen más que repetir. Son discos rayados. Tienen una habilidad enorme para repetir pero si se les plantea una situación nueva, una situación que no viene en sus libros, están perdidos.

La inteligencia está relacionada con la realidad, es espontánea. Es maravilloso afrontar la vida de forma espontánea. De ese modo, la vida tiene una novedad, una juventud; la vida de ese modo fluye y está llena de frescura. De ese modo, la vida nos ofrece muchas sorpresas. Cuando la vida te ofrece muchas sorpresas el aburrimiento nunca se apodera de ti.

La persona estúpida siempre está aburrida. Está aburrida porque ha acumulado las respuestas de otros y se limita a repetirlas. Está aburrida porque sus ojos están tan llenos de conocimiento que es incapaz de ver lo que ocurre. Sabe demasiado sin saber nada. No es sabio, solamente acumula un montón de conocimiento. Cuando contempla una rosa, no contempla *esa* rosa. Ante sus ojos se encuentran todas las rosas sobre las que ha leído, todas las rosas de las que han hablado los poetas, todas las rosas que han pintado los pintores y sobre las que han hablado los filósofos y todas las rosas de las que ha oído hablar: un cúmulo de recuerdos y de información. La rosa que se halla frente a él está perdida en ese cúmulo, en esa multitud. Es incapaz de verla. Simplemente repite; dice: «Esta rosa es preciosa». Ni siquiera esas palabras son suyas, no son auténticas, no son sinceras, no son verdad. Es la voz de otra persona... él sólo pone la cinta grabada.

> *Es maravilloso afrontar la vida de forma espontánea. De ese modo, la vida tiene una novedad, una juventud; la vida de ese modo fluye y está llena de frescura. De ese modo, la vida nos ofrece muchas sorpresas. Cuando la vida te ofrece muchas sorpresas, el aburrimiento nunca se apodera de ti.*

La estupidez es la repetición, la repetición de lo que hacen los demás. Es muy cómodo porque no tienes que aprender. El aprendizaje es arduo. Hay que tener agallas para aprender. El aprendizaje requiere que uno sea humilde. Aprender implica que uno esté dispuesto a abandonar lo viejo, uno tiene que estar constantemente dispuesto a aceptar lo nuevo. El aprendizaje implica un estado no egoísta.

Además uno nunca sabe dónde le llevará el conocimiento. Uno no puede predecir la vida de aquel que está aprendiendo: su vida será impredecible. Ni él mismo puede predecir lo que ocurrirá mañana, dónde estará mañana. Vive en un estado de desconocimiento. Únicamente cuando tu vida es un estado de desconocimiento, un estado constante de desconocimiento, aprendes.

Los niños aprenden muy rápido. A medida que crecen dejan de aprender porque se acumula el conocimiento y es más fácil repetirlo. ¿Para qué molestarse? Es muy cómodo, muy sencillo, no hay más que seguir el patrón, moverse en un círculo. Sin embargo, el aburrimiento se adueña de uno. La estupidez y el aburrimiento van siempre unidos.

Por eso los niños aprenden muy rápido. A medida que crecen dejan de aprender porque se acumula el conocimiento y es más fácil repetirlo. ¿Para qué molestarse? Es muy cómodo, muy sencillo, no hay más que seguir el patrón, moverse en un círculo. Sin embargo, el aburrimiento se adueña de uno. La estupidez y el aburrimiento van siempre unidos.

La persona inteligente es tan nueva como las gotas de rocío bajo el sol matinal, tan nueva como las estrellas en medio de la noche. Puedes sentir su novedad, nueva, como la brisa.

La inteligencia es la capacidad de renacer una y otra vez. La inteligencia consiste en enterrar el pasado y vivir en el presente.

De hecho, la inteligencia de la cabeza no es en absoluto inteligencia: no es más que capacidad de acumular conocimiento. La inteligencia del corazón *es* la inteligencia, la única inteligencia que existe. La cabeza no hace más que acumular. Es siempre vieja, nunca es nueva, nunca es original. Es buena para algunas cosas; para rellenar está muy bien. En la vida uno necesita esto: hay que recordar muchas cosas. La mente, la cabeza, es una computadora. Puedes seguir acumulando conocimiento en la cabeza y utilizarlo cuando lo necesites. Es útil para las matemáticas, para el cálculo, para la vida diaria, para el mercado. Sin embargo, si piensas que ésta es toda tu vida, serás un estúpido. Nunca llegarás a conocer la belleza de sentir ni la dicha del corazón. Nunca conocerás la alegría que sólo te proporciona el corazón, la divinidad que sólo te proporciona el corazón. Nunca conocerás la oración, nunca conocerás la poesía, nunca conocerás el amor.

La inteligencia del corazón le da poesía a tu vida, le da una danza a tus pasos, hace que tu vida sea una alegría, una celebración, una fiesta, una carcajada. Te da sentido del humor. Te hace capaz de amar, de compartir. Ésa es la verdadera vida. La vida que se vive desde la cabeza es una vida mecánica. Te conviertes en un robot; puede que muy eficiente: los robots son muy eficientes, las máquinas son más eficientes que el hombre. Con la cabeza puedes ganar mucho dinero pero no vivirás mucho. Puedes tener una calidad de vida mejor, pero no vivirás.

La vida es del corazón. La vida sólo puede crecer a través del corazón. Es en el suelo fecundo del corazón donde el amor crece, la vida crece, la divinidad crece. Todo lo que es bello, todo lo auténticamente valioso, todo lo que tiene sentido, todo lo que es importante surge del corazón. El corazón es tu auténtico centro, la cabeza no es más que la periferia. Vivir en la cabeza supone vivir en la circunferencia sin ser consciente siquiera de las bellezas y tesoros que hay en el centro. Vivir en la periferia es la estupidez.

Vivir a través de la cabeza es la estupidez y vivir con el corazón y utilizar la cabeza cuando la necesites es inteligencia. Pero el centro, el maestro, se encuentra en el centro mismo de tu ser. El maestro es el corazón y la cabeza no es más que una sierva; eso es la inteligencia. Cuando la cabeza se convierte en maestra y se olvida todo sobre el corazón, eso es estupidez.

> *Es en el suelo fecundo del corazón donde el amor crece, la vida crece, la divinidad crece. Todo lo que es bello, todo lo auténticamente valioso, todo lo que tiene sentido, todo lo que es importante surge del corazón.*

Puedes elegir lo que quieras. Recuerda que como esclava, la cabeza es una esclava maravillosa, de gran utilidad, pero como maestra es muy peligrosa y envenenará toda tu vida. ¡Mira a tu alrededor! Las vidas de las personas están completamente envenenadas, envenenadas por la cabeza. No pueden sentir, ya no sienten, nada les emociona. El sol amanece, en cambio, en ellos nada amanece: contemplan el amanecer con los ojos vacíos. El firmamento se cubre de estrellas –¡la maravilla, el misterio!–, pero en su corazón nada se conmueve, no surge ninguna canción. Los pájaros cantan, el hombre se ha olvidado de cantar. Las nubes se mecen en el cielo y los pavos reales danzan, sin embargo, el hombre no sabe danzar. Se ha convertido en un mutilado. Los árboles florecen. El hombre piensa, no siente nunca y sin sentir no es posible florecer.

Mira, escruta, observa, dale una nueva imagen a tu vida. Nadie más lo va a hacer por ti. Ya llevas mucho tiempo dependiendo de los demás, por eso te has vuelto tan estúpido. Ahora ten cuidado: es tu responsabilidad. Te debes a ti mismo el observar con detenimiento qué estás haciendo con tu vida. ¿Hay algo de poesía en tu corazón? Si no la hay, no pierdas más tiempo. Ayuda a tu corazón a hilar y tejer la poesía. ¿Hay algún romance en tu vida? Si no lo hay, estás muerto, estás ya en tu tumba.

Te debes a ti mismo el observar con detenimiento qué estás haciendo con tu vida. ¿Hay algo de poesía en tu corazón? Si no la hay, no pierdas más tiempo. Ayuda a tu corazón a hilar y tejer la poesía.

¡Sal de ahí! Deja que la vida tenga algo de romanticismo, algo de aventura. ¡Explora! Hay un millón de cosas bellas y espléndidas que te están esperando. No haces más que dar vueltas sin entrar nunca en el templo de la vida. La puerta es el corazón.

Recuerda, éste es un cambio que tiene que ocurrir: tienes que pasar del pensamiento al sentimiento. El sentimiento es algo más cercano.

Recuerda que se tiene que producir este cambio: tienes que pasar del pensamiento al sentimiento. El sentimiento es algo más cercano, más cercano a aquello que llamas intuición. El pensamiento es lo más alejado a la intuición. A ti te han enseñado otros: eso es instrucción. La intuición es lo que no te han enseñado y, sin embargo, florece en ti. Nadie te lo ha enseñado, ningún colegio, ninguna universidad, ningún instituto... nadie te ha dicho nada sobre ello, surge de repente en ti: eso es la intuición. No necesitas ir a ninguna parte, sólo necesitas adentrarte en ti mismo.

El sentimiento está más cercano a la intuición. Yo no te estoy pidiendo lo imposible, no te digo: «Sé solamente intuitivo» ya que esto es algo que no puedes hacer. Con tal de que puedas hacer una cosa –pasar del pensamiento al sentimiento– será suficiente. Después, el paso del sentimiento a la intuición será muy fácil. En cambio, pasar del pensamiento a la intuición es algo muy difícil. Ambas cosas no se encuentran en ningún punto, son dos extremos opuestos. En el medio se halla el sentimiento. El pensamiento y la intuición se hallan a la misma distancia del sentimiento. Por un lado, llegas al sentimiento, por el otro, llegas a la intuición.

Yo no estoy pidiendo lo imposible, no te digo: «Sé solamente intuitivo» ya que esto es algo que no puedes hacer. Con tal de que puedas hacer una cosa –pasar del pensamiento al sentimiento– será suficiente. Después, el paso del sentimiento a la intuición será muy fácil.

Ambas cosas se encuentran y se fusionan en el sentimiento. En el sentimiento hay algo de pensamiento y algo de intuición.

Relax

Los grandes descubrimientos de la ciencia han sido fruto de la intuición, no del intelecto. Todos los grandes descubrimientos, todos los avances, han surgido del más allá; desde Arquímedes a Albert Einstein.

Seguramente conocerás la historia de Arquímedes: realizó su descubrimiento cuando estaba en la bañera tomando un baño de agua caliente, relajado... Llevaba varios días muy preocupado: el rey de su país tenía una maravillosa corona de oro y quería saber si era totalmente de oro o tenía alguna aleación, pero quería saberlo sin destruir la corona. Esto suponía un problema: ¿cómo averiguar la respuesta? ¿Cómo saber qué proporción de la corona era de oro y qué proporción de otro metal? Intentó descubrirlo por todos los medios; durante noches no pudo dormir y había perdido ya la esperanza de encontrar la solución. Sin embargo, la encontró.

La bañera estaba llena de agua. Cuando Arquímedes se metió dentro, parte del agua se desbordó; entonces, como un destello, como un destello luminoso, se le ocurrió esta idea: «El agua que se sale de la bañera debe estar relacionada con mi peso». Entonces encontró la solución: «De modo que si ponemos oro dentro de una bañera llena de agua, parte del agua se saldrá. El agua que se salga estará relacionada con la cantidad de oro».

Estaba tan entusiasmado que, a pesar de estar desnudo, era tal el éxtasis que le embargaba que se olvidó completamente de su desnudez y salió a la calle gritando: «¡Eureka! ¡Eureka! ¡Lo encontré! ¡Lo encontré!».

No fue una conclusión intelectual sino interna.

Albert Einstein solía pasarse horas en la bañera, ¡quizá para imitar a Arquímedes! Uno de los más importantes intelectuales indios, el profesor Ram Manohar Lohia, acudió a verlo; él mismo me contó esta historia. Era uno de los políticos más honrados que ha tenido la India, además de un agudo observador, un gran visionario y un genio. Él también se había educado en Alemania, de modo que tenía muchos amigos que conocían a Albert Einstein. A través de un amigo común, consiguió una cita con él. El profesor Lohia llegó puntual pero la mujer de Albert Einstein le dijo:

–Tendrá que esperar ya que está bañándose y no sé cuándo saldrá.

Pasó media hora, después una hora, y el profesor Lohia le preguntó a la mujer:

–¿Cuánto tiempo va a tardar?

Ella le contestó:

–Es impredecible.

El profesor Lohia le preguntó:

–Pero ¿qué es lo que hace en la bañera?

La mujer se empezó a reír y le contestó:

–Jugar con las pompas de jabón.

–¿Para qué? –le preguntó el profesor Lohia.

A lo que ella respondió:

–Siempre que juega con las pompas de jabón encuentra la solución a algún problema que no había dejado de buscar pero que todavía no había encontrado. Siempre que está en la bañera tiene alguna idea luminosa.

¿Por qué en la bañera? Porque ahí estás relajado.

La relajación es la base de la meditación. Te relajas; cuando te relajas, abandonas todas las tensiones. El agua caliente, el silencio del baño, la soledad... Ahora en Occidente algunas personas se construyen baños tan bonitos que parecen templos. ¡Hay algunos incluso que se construyen un asiento en el baño! Es realmente maravilloso; uno se puede relajar, uno puede meditar. En ese estado meditativo, ocurren cosas. La bañera ha sido siempre una gran provocadora. Todos los grandes científicos del mundo están de acuerdo en esto. Hay veces que están años buscando una solución y no la encuentran; de repente, un día se les ocurre... de la nada, del más allá. No se puede decir que sea una conclusión, no es en absoluto una conclusión.

Los descubrimientos científicos son siempre fruto de la meditación, no de la mente. Aquello que surge de la mente no es ciencia sino tecnología. La tecnología es poca cosa; no es la visión en sí sino la puesta en práctica de esta visión.

Los descubrimientos científicos son siempre fruto de la meditación, no de la mente. Aquello que surge de la mente no es ciencia sino tecnología. La tecnología es poca cosa: no es la visión en sí sino la puesta en práctica de esta visión. La tecnología es fruto de la mente porque la propia mente es un instrumento tecnológico; una tecnología biológica. Todas las máquinas surgen de la mente porque la misma mente es una máquina. Pero de la mente nunca surge ninguna visión porque no hay ordenador que pueda proporcionar una visión. Las visiones vienen del más allá. La mente no es más que la capa exterior de tu cuerpo; las visiones surgen del centro de tu ser. La meditación te conduce al centro.

De modo que cuando digo que la mente es el lugar equivocado, quiero decir que no te identifiques con la mente. No te conviertas únicamente en tu mente: tú eres mucho más que eso, mucho más que la mente. La mente no es más que un pequeño mecanismo que hay en ti: utilízalo pero no te identifiques con él. Ocurre lo mismo que cuando conduces un coche: es un mecanismo que utilizas pero no te conviertes en un coche. La mente es una máquina que hay dentro de ti pero no te identifiques con ella, no hace falta. Esa identificación es una equivocación. Cuando empiezas a pensar: «Soy la mente», quiere decir que vas por mal camino. Debes ser consciente de esto: «Yo no soy la mente sino el maestro de la mente. Puedo utilizarla». De este modo, la mente es un buen instrumento, un instrumento de gran valor. Puede crear una importante tecnología.

Cuando empiezas a pensar: «Soy la mente», quiere decir que vas por mal camino. Debes ser consciente de esto: «Yo no soy la mente sino el maestro de la mente. Puedo utilizar la mente». De este modo la mente es un buen instrumento de gran valor. Puede crear una importante tecnología.

La ciencia surge de la no-mente al igual que la religiosidad surge de la no-mente. La fuente de ciencia y religión no es distinta; es la misma fuente ya que ambas dependen de los descubrimientos, visiones, destellos intuitivos.

La tecnología es fruto de la mente y la tecnología religiosa también es fruto de la mente: yoga, mantra, tantra. El yoga consiste en posturas corporales que te pueden ayudar a profundizar en ti mismo; estas posturas son creadas por la mente. Ésa es la tecnología religiosa. El yoga no es más que tecnología. Por eso el yoga no es algo exclusivo de una religión. Puede haber yoga cristiano, yoga hindú, evidentemente, yoga budista, yoga jainista... puede haber tantos yogas como religiones. El yoga no es más que una tecnología. No hay ninguna máquina que sea hindú o musulmana. No vas al mercado a comprar un coche hindú o musulmán. Las máquinas no son más que máquinas. El yoga es tecnología, el mantra es tecnología: es algo creado por la mente. De hecho, la palabra «mantra» proviene de la misma raíz que «mente»: ambas palabras provienen del término sánscrito *man*. Por un lado aparece la palabra «mente» y por otro, la palabra «mantra»; ambas son partes de la mente. La tecnología científica es creada por la mente, la tecnología religiosa es creada por la mente. Todos los rituales religiosos –templos, mezquitas, iglesias, oraciones, escrituras– son creados por la mente.

En cambio, el destello, la visión, Buda sentado bajo el árbol del bodhi... Cuando por primera vez fue consciente, totalmente consciente, no fue algo fruto de la mente. No fue fruto de la mente, fue algo del más allá. Fue algo que no tiene nada que ver contigo, con tu ego, con tu cuerpo. Fue algo puro, virgen, parte de la eternidad. En el momento en que la mente de Buda estaba completamente relajada, lo trascendente penetró en él. Se convirtió en un dios.

Evidentemente, durante siete días se quedó en silencio. Fue tal el impacto que no pudo pronunciar ni una sola palabra. Cuenta la leyenda que los dioses en el cielo se quedaron muy molestos ya que es realmente extraño que un hombre se convierta en un buda y se quede callado: entonces, ¿quién va a mostrar el camino a todas las personas que son ciegas y están andando a tientas en la oscuridad? No es más que un mito, una historia maravillosa pero llena de importancia y de sentido. Los dioses se acercaron a Buda, se inclinaron ante él y le rogaron: «¡Habla! Cuéntale a la gente lo que has conseguido».

Cuando Buda empezó a hablar, era algo que surgía de la mente, era parte de la mente. El mismo fenómeno había tenido lugar en silencio, pero ahora tenía que servirse de las palabras. Aquellas palabras pertenecían a la mente.

Lo que conozco trasciende la mente pero lo que os digo lo hago a través de la mente. Mis palabras son parte de la mente pero mi conocimiento no es parte de la mente.

Descubre tu guía interior

Tienes un guía en ti mismo pero no lo utilizas. Hace tanto que no lo utilizas, hace tantas vidas, que puede que no seas consciente siquiera de que tienes ese guía en ti.

Estaba leyendo un libro de Castaneda. Su maestro, Don Juan, le dice que haga un maravilloso experimento. Es uno de los experimentos más antiguos. En una noche oscura, en un lugar muy montañoso y peligroso, sin ninguna luz, el maestro de Castaneda le dice: «Confía en tu guía interior y empieza a correr». Era algo muy peligroso. Era un lugar montañoso, desconocido, lleno de árboles, arbustos, precipicios. Se podía caer en cualquier parte. Incluso a plena luz del día tendría que haber prestado atención al andar por allí, y por la noche estaba todo oscuro. No podía ver nada pero su maestro le decía: «¡No andes, corre!».

> *Tu razón te ha desorientado. La mayor desorientación ha sido ésta: no puedes creer que tengas un guía interior.*

¡No se lo podía creer! Era un acto suicida. Tuvo miedo, pero entonces el maestro se puso a correr. Salió corriendo como un animal salvaje y volvió otra vez corriendo. Castaneda no podía entender cómo lo hacía. No sólo estaba corriendo en plena oscuridad sino que luego volvía directamente hacia donde él estaba, como si pudiera ver. Así que, poco a poco, Castaneda reunió el valor suficiente. Si este anciano lo podía hacer, ¿por qué no iba a ser él capaz de hacerlo? Lo intentó y poco a poco sintió que le embargaba una luz interior. Así que empezó a correr.

Tú sólo estás cuando dejas de pensar. En el momento en que dejas de pensar, dejas que ocurra lo interior. Cuando no piensas, todo es correcto; como si tuvieras un guía interior. Tu razón te ha desorientado. La mayor desorientación ha sido ésta: no puedes creer que tengas un guía interior.

> *El intelecto se toma su tiempo y, mientras ponderas, contemplas y piensas, desaprovechas el momento. La vida no te está esperando. Uno tiene que vivir el instante.*

En primer lugar, tienes que convencer a tu razón. Aunque tu guía interior diga: «Adelante», tienes que convencer a tu razón, pero pierdes oportunidades porque existen momentos... puedes utilizarlos o puedes desaprovecharlos. El intelecto se toma su tiempo y, mientras ponderas, contemplas y piensas, desaprovechas el momento. La vida no te está esperando. Uno tiene que vivir el instante. Uno tiene que ser un auténtico guerrero, como dicen en el zen, porque cuando estás luchando en el campo de batalla con tu espada no puedes pensar. Te tienes que mover sin pensar.

Los maestros zen han utilizado la espada como técnica de meditación, y dicen en Japón que si dos maestros zen, dos personas meditativas, luchan con espadas, no habrá conclusión posible. No habrá un vencedor ni un vencido ya que ninguno de los dos está pensando. Las espadas no están en sus manos sino que están en manos de su guía interior, el guía interior no-pensante, y antes de que la otra persona ataque, el guía lo sabe y se defiende. No puedes pensar en ello porque no hay tiempo. El otro se dirige a tu corazón. En una décima de segundo la espada te atravesará el corazón. No hay tiempo para pensar, para ver qué hacer. Cuando el pensamiento «atravesar el corazón» se le ocurre a la otra persona, simultáneamente a ti se te tiene que ocurrir el pensamiento «defenderme»; simultáneamente, sin ningún espacio de tiempo entre medias; sólo entonces te podrás defender. De lo contrario dejarás de existir.

De modo que enseñan esgrima como una vía de meditación y dicen: «Estate a cada momento con tu guía interior, no pienses. Deja que tu guía haga aquello que se le ocurra. No interfieras con la mente». Es muy difícil porque nos han educado para utilizar la mente. En los colegios, los institutos, la universidad... toda cultura nos enseña a utilizar la mente. Hemos perdido todo contacto con nuestro guía interior. Todos nacemos con ese guía interior pero no se le deja trabajar, funcionar. Está prácticamente paralizado pero lo podemos revivir.

No pienses con la cabeza. No pienses, en absoluto. Simplemente muévete. Inténtalo en distintas situaciones. Será difícil porque surgirá el viejo hábito de empezar a pensar. Tendrás que estar alerta, no pensar sino sentir interiormente lo que llega a la mente. Puede que muchas veces estés confundido porque no serás capaz de saber si aquello que llega proviene del guía interior o de la superficie de la mente. Sin embargo, pronto sabrás distinguir la diferencia.

Cuando algo proviene del interior, surge de tu ombligo hacia arriba. Puedes sentir su fluir, su calor, desde el ombligo hacia arriba. Cuando tu mente piensa, es algo que ocurre sólo en la superficie, en la cabeza, después va hacia abajo. Si tu mente decide algo, tienes que forzarlo para que se dirija hacia abajo. Cuando tu guía interior decide, hay algo que burbujea en ti. Proviene del mismo centro de tu ser y se dirige a la mente. La mente lo recibe pero no es de la mente. Proviene del más allá; eso es lo que teme la mente. Es algo de lo que desconfiar ya que surge de detrás, sin ninguna razón, sin ninguna prueba. Simplemente burbujea.

> *Cuando algo proviene del interior, surge de tu ombligo hacia arriba. Puedes sentir su fluir, su calor, desde el ombligo hacia arriba. Cuando tu mente piensa, es algo que ocurre sólo en la superficie, en la cabeza.*

Inténtalo en determinadas situaciones. Por ejemplo, si te has perdido en el bosque, inténtalo. Cierra los ojos, siéntate, medita y no pienses porque es algo vano, ¿cómo te vas a poner a pensar? No sabes. Sin embargo, el pensar se ha convertido en un hábito y sigues pensando incluso en momentos en los que no vas a sacar nada con ello. El pensamiento sólo puede pensar sobre algo que ya conoce. Estás perdido en un bosque, no tienes ningún mapa, no hay nadie a quien preguntarle. ¿Qué es lo que piensas? Pero a pesar de todo piensas. Ese pensamiento sólo será una preocupación no un pensamiento. Cuanto más te preocupes menos podrá actuar el guía interior.

Despreocúpate, siéntate bajo un árbol y deja que tus pensamientos se calmen y desaparezcan. Espera, no pienses. No te plantees ningún problema, simplemente espera. Cuando sientas que ha llegado un momento de no-pensamiento, entonces levántate y empieza a andar. Deja que tu cuerpo se dirija donde quiera. Sé simplemente un observador. No interfieras. Es muy fácil volver a encontrar el camino perdido. Lo único que hace falta es que no dejes que la mente interfiera.

Esto es algo que ha ocurrido muchas veces sin saberlo. Los grandes científicos dicen que siempre que se ha producido un gran descubrimiento no ha sido nunca fruto de la mente sino del guía interior.

Cuando tu mente se agota y ya no puede más, se retira. En ese momento de retiro, el guía interior puede dar indicaciones, claves, soluciones. El hombre que ganó el premio Nobel por su trabajo sobre la estructura interna de la célula, la vio en un sueño. Vio la estructura de la célula humana, el interior de la célula, en un sueño, y por la mañana no tuvo más que dibujarla. Ni él mismo podía creer que fuera así, de modo que investigó durante años. Después de años de investigación comprobó que lo que había soñado era verdad.

En primer lugar, hay que agotar totalmente el camino del intelecto; sólo entonces puede surgir la solución. Hay que agotar por completo la cabeza, de lo contrario sigue funcionando, aunque sea en sueños.

De modo que ahora los científicos dicen que todos los grandes descubrimientos son intuitivos, no intelectuales. Esto es lo que se entiende por guía interior.

Vence a la cabeza y adéntrate en el guía interior. Está ahí. Las viejas escrituras dicen que el maestro o el gurú –el gurú «exterior»– puede ser útil para descubrir el gurú interior: ésa es la función del gurú exterior.

No puedes llegar a la verdad a través de un maestro: a través de éste sólo puedes llegar al maestro interior; después ese maestro interior te conducirá a la verdad. El maestro exterior no es más que un representante, un sustituto. Tiene su guía interior y puede sentir también tu guía interior. Si yo soy realmente tu guía, mi ayuda te conducirá a tu guía interior. Una vez que entres en contacto con tu guía interior, ya no te haré falta. Ya podrás moverte solo.

De modo que lo único que un gurú puede hacer es empujarte desde la cabeza hasta el ombligo, de tu razonamiento a tu fuerza intuitiva, de tu mente argumentativa a tu guía de confianza. Esto no es algo que ocurra únicamente entre los seres humanos, ocurre lo mismo con los animales, con los pájaros, con los árboles, con todo. El guía interior existe y se han descubierto muchos fenómenos nuevos que son un misterio.

Si yo soy realmente tu guía, mi ayuda te conducirá a tu guía interior. Una vez que entres en contacto con tu guía interior, ya no te haré falta. Ya podrás moverte solo.

Hay algunos casos concretos. Por ejemplo, el pez hembra muere inmediatamente después de desovar. Entonces el macho fertiliza los huevos y muere. Los huevos se quedan solos, sin padres. Maduran y nace un nuevo pez. Este pez no sabe nada de madres ni padres; no sabe de dónde viene. Sin embargo, a pesar de que este pez vive en una zona determinada del mar, volverá hacia el lugar de donde salieron sus padres para desovar. Volverá a la fuente. Esto es algo que no ha dejado de ocurrir y, cuando quiera desovar, volverá a la otra zona, desovará y morirá. De modo que no existe comunicación entre los padres y los hijos; sin embargo, los hijos saben de alguna manera dónde tienen que ir, hacia dónde se tienen que dirigir; además nunca se equivocan. Tampoco los puedes desorientar. Se ha intentado pero es imposible. Llegarán a la fuente. Hay algún guía interior que los conduce.

En Rusia estaban experimentando con gatos, ratas y otros pequeños animales. Una gata fue separada de sus gatitos que, a su vez, fueron llevados en medio del mar; ella no podía saber dónde estaban sus crías. Se le colocaron a la gata distintos dispositivos para analizar las variaciones en su mente y en su corazón, y después, en el medio del mar, mataron a una de las crías. Inmediatamente, la madre se dio cuenta. Cambió su flujo sanguíneo. Se puso nerviosa y ansiosa: en cuanto mataron a la cría se le aceleró el pulso. Un dispositivo científico determinó que estaba sintiendo una gran pena. Después de un tiempo todo volvió a la normalidad. Entonces mataron a otra cría y tuvo lugar de nuevo el cambio. Lo mismo ocurrió con la tercera cría. Las tres veces ocurrió lo mismo, en el mismo momento, sin ningún espacio de tiempo. ¿Qué pasaba?

La sabiduría proviene del corazón, no del intelecto. La sabiduría proviene de lo más profundo de tu ser, no de tu cabeza.

Los científicos dicen que la madre tiene un guía interior, un centro interior de sentimiento que está ligado al de sus crías, estén donde estén. Es asombroso; debería ser al contrario: la madre humana debería sentir esto mucho más ya que está más comprometida con sus hijos. Sin embargo, esto no es así, porque la cabeza lo ha dominado todo y los centros interiores están paralizados.

Cuando te encuentres con problemas y no veas la solución, no pienses: permanece en un estado de no-pensar y deja que tu guía interior te guíe. Al principio tendrás miedo, te sentirás inseguro, pero muy pronto, cuando veas que siempre llegas a la solución adecuada, a la puerta adecuada, reunirás el valor suficiente y confiarás.

La sabiduría proviene del corazón, no del intelecto. La sabiduría proviene de lo más profundo de tu ser, no de tu cabeza.

Córtate la cabeza, quédate descabezado, y sigue al ser allá donde éste te lleve. Aunque te lleve a una situación de peligro, adéntrate en el peligro porque ése será tu camino y el de tu crecimiento. Sigue a tu guía interior, confía en él y muévete con él.

Haz que la felicidad sea el criterio a seguir

¿La persona que vive guiándose por su intuición tiene siempre éxito? No, pero siempre es feliz tenga éxito o no lo tenga. La persona que no vive intuitivamente siempre es infeliz tenga éxito o no. El éxito no es el criterio a seguir porque depende de muchas cosas. El criterio a seguir es la felicidad porque ésta sólo depende de ti. Puede que no alcances el éxito porque estés rodeado de personas que sean competitivas. Puede que a pesar de que estés trabajando intuitivamente haya otras personas que estén trabajando con más astucia, más sagacidad, calculando más, más agresivamente, más inmoralmente. De modo que el éxito depende de muchos otros factores: el éxito es un fenómeno social. Puede que no tengas éxito.

> *No te digo que si sigues el guía interior de tu intuición tendrás siempre éxito en el sentido que el mundo le da al éxito. En cambio, tendrás éxito en el sentido que Buda o Jesús dan al éxito.*

¿Quién puede afirmar que Jesús tuviera éxito? La crucifixión no es un éxito, es el mayor fallo. Un hombre al que crucifican cuando sólo tenía treinta y tres años...

¿qué clase de éxito es ése? Nadie lo conocía. Sus discípulos fueron sólo algunos aldeanos, personas analfabetas. No tenía ninguna posición social, ningún prestigio, ningún poder. ¿Qué clase de éxito es éste? No se puede considerar la crucifixión un éxito. Sin embargo, él era feliz. Era totalmente dichoso, incluso cuando lo crucificaron. En cambio, los que lo crucificaron vivirían muchos más años pero serían infelices. Así que, en realidad, ¿quién estaba sufriendo la crucifixión? Ésa es la cuestión. ¿Eran aquellos que crucificaron a Jesús los que sufrían la crucifixión o fue Jesús quien fue crucificado? Él era feliz; ¿cómo vas a crucificar la felicidad? Él era extático; ¿cómo vas a crucificar el éxtasis? Puedes matar el cuerpo pero no puedes matar el alma. Aquellos que lo crucificaron vivieron más tiempo, pero su vida no fue más que una larga y lenta crucifixión: infelicidad y más infelicidad.

> *Da igual que te conozca alguien o no, que nadie haya oído hablar de ti, que seas totalmente desconocido, que pases totalmente desapercibido. Si eres dichoso, has tenido éxito.*

De modo que la primera cosa es que no te digo que si sigues el guía interior de tu intuición tendrás siempre éxito en el sentido que el mundo le da al éxito. En cambio, tendrás éxito en el sentido que Buda o Jesús dan al éxito. Ese éxito se mide por tu felicidad, tu dicha; da igual lo que ocurra, serás feliz. No importa que el mundo te considere un fracaso o una estrella. Serás feliz en cualquier caso, serás dichoso. Para mí, la dicha es éxito. Si puedes entender que la dicha es éxito, te aseguro que siempre tendrás éxito.

Para el mundo, el éxito es la gratificación del ego; pero no para mí. Para mí, el éxito consiste en ser dichoso, independientemente de que te conozca la gente o no. Da igual que te conozca alguien o no, que nadie haya oído hablar de ti, que seas totalmente desconocido, que pases totalmente desapercibido. Si eres dichoso, has tenido éxito.

De modo que ten presente esta distinción porque hay mucha gente a la que le gustaría ser intuitiva, a la que le gustaría encontrar su guía interior únicamente para tener éxito en el mundo. El guía interior supondrá una frustración para ellos. En primer lugar, no son capaces de encontrarlo. En segundo lugar, serán infelices aunque lo encuentren porque aquello que buscan es el reconocimiento por parte del mundo, la satisfacción del ego, no la dicha.

> *Hay mucha gente a la que le gustaría ser intuitiva, a la que le gustaría encontrar su guía interior únicamente para tener éxito en el mundo. El guía interior supondrá una frustración para ellos.*

Ten una mente pura; no busques el éxito. El éxito es el gran fracaso del mundo. Así que no intentes tener éxito porque fracasarás. Piensa en ser dichoso. Piensa a cada momento en ser cada vez más dichoso. Entonces el mundo entero podrá decir que has fracasado, pero no habrás fracasado. Lo habrás conseguido.

Buda era un fracasado a los ojos de sus amigos, su familia, su mujer, su padre, sus profesores, su sociedad; era un fracasado. Se había convertido en un simple mendigo. ¿Dónde está el éxito aquí? Podía haber sido un gran emperador; tenía cualidades, tenía una gran personalidad, tenía la inteligencia suficiente. Podía haber sido un gran emperador pero se convirtió en un mendigo. Obviamente, fracasó. Sin embargo, yo os digo que no fracasó. Habría fracasado si se hubiera convertido en emperador porque habría desperdiciado su auténtica vida. Aquello que logró bajo el árbol del bodhi era lo auténtico y lo que perdió era lo falso.

Con lo auténtico tendrás éxito en la vida interior; con lo falso... no sé. Si quieres tener éxito con lo falso, sigue los pasos de aquellos que trabajan con astucia, inteligencia, competitividad, celos, agresividad. Sigue sus pasos, el guía interior no es para ti. Si quieres conseguir algo en el mundo no escuches a tu guía interior.

Sin embargo, al final sentirás que, a pesar de que hayas ganado el mundo entero, te habrás perdido a ti mismo. Dice Jesús: «¿De qué le sirve a un hombre ganar el mundo entero si pierde su alma?». ¿Quién dirías tú que ha tenido éxito: Alejandro Magno o Jesús el crucificado?

De modo que si –y debes entender muy bien este «si»– lo que te interesa es el mundo, entonces el guía interior no es un buen guía para ti. En cambio, si lo que te interesa es la dimensión profunda del ser, entonces, el guía interior sí te podrá ayudar, sólo él te podrá ayudar.

Busca la poesía

Hay muchas cosas que no se pueden expresar en las lenguas occidentales porque el enfoque oriental de la realidad es básica, fundamental y tácitamente diferente. En ocasiones ocurre que una misma cosa se puede enfocar de la manera oriental y de la manera occidental y, superficialmente, las conclusiones pueden parecer similares, pero no es así. Si profundizas un poco, si escarbas un poco, encontrarás grandes diferencias; no diferencias ordinarias sino extraordinarias.

Precisamente el otro día estaba leyendo los famosos haiku de Basho, el maestro y místico zen. Para la mente occidental no parece poesía importante, o para la mente que ha sido educada a la manera occidental. Y ahora todo el mundo recibe una educación occidental: Oriente y Occidente han desaparecido en cuanto a lo que educación se refiere.

Escúchalo con mucha atención, porque lo que importa no es lo que consideres tú poesía importante, sino su profundo enfoque. Contiene una increíble poesía pero para sentirla tendrás que ser muy sutil. No lo podrás entender de forma intelectual sino sólo de forma intuitiva.

El haiku es el siguiente:

¡Si observo atentamente
veo la nazunia en flor
en la tapia!

No parece ser una poesía muy importante. Pero analicémosla con más atención ya que es una traducción de Basho al castellano; en su propia lengua tiene una textura y un carácter totalmente distinto.

La nazunia es una flor muy común; crece a los lados de la carretera, una flor silvestre. Es tan corriente que nadie la mira nunca. No es una rosa maravillosa, no es un extraño loto. Es muy fácil apreciar la belleza de un loto flotando en un lago; ¿cómo vas a dejar de contemplar un loto azul? Durante unos instantes estás destinado a ser presa de su belleza. O una maravillosa rosa mecida por la brisa, bajo el sol... durante unas décimas de segundo se apodera de ti. Es asombroso. En cambio, la nazunia es una flor corriente, común. No necesita ningún jardín ni ningún jardinero: crece en cualquier parte por sí sola. Para contemplar una nazunia con detenimiento hace falta un meditador, una conciencia muy delicada; de lo contrario te pasará inadvertida. No tiene una belleza aparente, su belleza es más profunda. Su belleza es la belleza de las cosas ordinarias, pero lo ordinario contiene en sí lo extraordinario; incluso la nazunia. A menos que profundices en el texto con un corazón comprensivo no entenderás este texto.

Cuando lees por primera vez a Basho empiezas a pensar: «¿Qué tiene de importante hablar sobre una nazunia en una tapia?».

En el poema de Basho, la última sílaba –*kana* en japonés– está traducida como un signo de exclamación porque no tenemos otra forma de traducirla. Pero *kana* quiere decir: «¡Estoy asombrado!». Entonces, ¿de dónde viene la belleza? ¿De la nazunia? Hay miles de personas que habrán pasado al lado de una tapia y no se habrán fijado en esta pequeña flor. Sin embargo, Basho está poseído por su belleza, ha sido transportado a otro mundo. ¿Qué es lo que ha ocurrido?

En realidad, no es una cuestión de la nazunia, porque si no, esto es algo que le habría ocurrido a todas las personas que la hubiesen visto. Es cuestión del enfoque de Basho, de su corazón abierto, de su visión compasiva, de que era una persona meditativa. La meditación es alquimia, puede transformar cualquier burdo metal en oro, puede transformar la nazunia en un loto.

Si observo atentamente...

La palabra «atentamente» quiere decir con atención, con conciencia, con cuidado, de forma meditativa, con amor, con interés. Uno puede observar algo sin el menor interés: entonces es como si no viera nada. Hay que recordar la palabra «atentamente» en todos sus significados, pero el significado básico es «de forma meditativa». ¿Qué significa ver algo de forma meditativa? Significa sin que intervenga la mente, mirar sin la mente, sin ninguna nube que enturbie el cielo de tu conciencia, sin ningún recuerdo, sin ningún deseo... sin nada de nada, sólo una extrema vaciedad.

Cuando observas en tal estado de no-mente, hasta una nazunia forma parte de otro mundo. Se convierte en un loto del paraíso, ya no forma parte de la tierra: se ha descubierto lo extraordinario en lo ordinario. Ése es el camino de Buda. Descubrir lo extraordinario en lo ordinario, descubrir todo en el ahora, descubrir todo en esto: Gautama Buda lo denomina *tathata*.

El haiku de Basho es un haiku del *tathata.* Si miras esta nazunia con amor, desde el corazón, con interés, con la conciencia despejada, en un estado de no-mente, te quedarás asombrado, te quedarás arrobado. Un gran asombro se apoderará de ti. ¿Cómo es posible? Esta simple nazunia lo ha conseguido; pero si es posible con una nazunia es posible con cualquier cosa. Si una nazunia puede ser tan hermosa, también Basho puede ser un buda. Si una nazunia puede contener tanta poesía, entonces cada guijarro puede convertirse en un sermón.

¡Si observo atentamente veo la nazunia en flor en la tapia!

Kana; ¡estoy asombrado! Me he quedado sin palabras; no puedo expresar su belleza, sólo puedo evocarla.

El haiku únicamente evoca, el haiku sólo indica de modo muy indirecto.

Basho representa lo intuitivo, Tennyson, lo intelectual. Basho representa a Oriente, Tennyson, a Occidente. Basho representa la meditación, Tennyson, la mente.

En la famosa poesía de Tennyson se da una situación parecida; te será de gran ayuda comparar ambas. Basho representa lo intuitivo, Tennyson, lo intelectual. Basho representa a Oriente, Tennyson, a Occidente. Basho representa la meditación, Tennyson, la mente. Se asemejan e incluso en ocasiones la poesía de Tennyson puede parecer más poética que la de Basho porque es directa, es obvia.

Flor que estás en el muro agrietado
te arranco de tu grieta
y te sostengo aquí en mi mano, con tus raíces y todo.
Pequeña flor, si yo fuera capaz de entender
lo que eres, con tus raíces y todo
comprendería qué es Dios y qué es el hombre.

Es un poema maravilloso pero no es nada comparado con el de Basho.

Si la flor ha tocado tu corazón, ¿cómo vas a arrancarla? Arrancarla significa destruirla, matarla; ¡es un asesinato! Nadie ha considerado esta poesía de Tennyson como un asesinato pero es un asesinato. ¿Cómo puedes destruir algo que es bello?

Veamos por qué el de Tennyson es completamente diferente.

En primer lugar veamos el primer verso: «Flor que estás en el muro agrietado / te arranco de tu grieta».

Basho simplemente observa la flor, no la arranca. La de Basho es una conciencia pasiva; la de Tennyson es activa, agresiva. De hecho, si estás realmente impresionado por la flor, no puedes arrancarla. Si la flor ha tocado tu corazón, ¿cómo vas a arrancarla? Arrancarla significa destruirla, matarla; ¡es un asesinato! Nadie ha considerado esta poesía de Tennyson como un asesinato pero es un asesinato. ¿Cómo puedes destruir algo que es bello?

Sin embargo, es así como funciona nuestra mente: es destructiva. Quiere poseer y la posesión sólo es posible a través de la destrucción.

Ten presente esto: siempre que posees algo o a alguien, destruyes esa cosa o a esa persona. ¿Posees a una mujer? La destruirás, destruirás su belleza, su alma. ¿Posees a un hombre? Dejará de ser un ser humano, lo has reducido a un objeto, a una mercancía.

Basho observa «atentamente»; simplemente observa, ni siquiera la escruta. Simplemente la mira, suave, femenino, como si tuviera miedo de herir a la nazunia.

Tennyson la arranca y dice:

«Te sostengo aquí en mi mano, con tus raíces y todo. / Pequeña flor.»

Permanece separado. El observador y lo observado no se funden en ningún lugar, no se fusionan, no se encuentran. No es una relación amorosa. Tennyson ataca a la flor, la arranca con sus raíces y todo, la sostiene en la mano.

La mente se siente bien cuando posee, controla, sostiene. El estado meditativo de conciencia no está interesado en poseer, en sostener, porque ése es el camino de la mente agresiva.

La mente se siente bien cuando posee, controla, sostiene. El estado meditativo de conciencia no está interesado en poseer, en sostener, porque ése es el camino de la mente agresiva.

Además dice: «*Pequeña* flor»; la flor es pequeña, él, sin embargo, está en un gran pedestal. Él es un hombre, un gran intelectual, un gran poeta. Mantiene su ego: «Pequeña flor».

Basho no plantea ninguna comparación. No dice nada sobre sí mismo, como si no estuviera. Como si no hubiera ningún observador. Es tal la belleza, que provoca la trascendencia. La nazunia está ahí, ha florecido en la tapia –*kana*– y Basho está simplemente asombrado, le ha tocado hasta lo más hondo de su ser. La belleza le ha subyugado. En vez de poseer la flor, está poseído por la flor. Está totalmente rendido ante la belleza de la flor, ante la belleza del momento, ante la bendición del aquí y el ahora.

«Pequeña flor –dice Tennyson–, si yo fuera capaz de entender...»

¡La obsesión por entender! No es suficiente apreciarlo, no es suficiente el amor, tiene que haber entendimiento, tiene que haber conocimiento. A menos que haya conocimiento, Tennyson no se sentirá bien. La flor se ha convertido en un signo de interrogación. Para Tennyson es un signo de interrogación, para Basho es un signo de admiración.

> *La mente tiene miedo a menos que lo conozca todo, porque el conocimiento da poder. Si algo permanece en el misterio tendrá miedo porque el misterio no se puede controlar.*

Ahí radica la diferencia: en el signo de interrogación y el signo de admiración.

Para Basho, el amor es suficiente: el amor *es* entendimiento. ¿Qué mayor entendimiento puede existir? En cambio, Tennyson parece desconocer el amor. Su mente está ahí, anhelando saber.

«Si fuera capaz de entender lo que eres, con tus raíces y todo...»

La mente es compulsivamente perfeccionista. No puede permitir que algo se quede sin saber, no puede permitir que haya algo que quede en el misterio y desconocido. Hay que entender este «con raíces y todo». La mente tiene miedo a menos que lo conozca todo, porque el conocimiento da poder. Si algo permanece en el misterio tendrá miedo porque el misterio no se puede controlar. ¿Quién sabe lo que oculta el misterio? Quizás al enemigo, quizás un peligro, quizás una inseguridad. ¿Quién sabe lo que puede hacer contigo? Tienes que entenderlo, tienes que conocerlo antes de que te pueda hacer algo. No se puede permitir que nada sea un misterio.

Pero de ese modo desaparece toda la poesía, todo el amor, todo el misterio, todo el asombro. Desaparece todo el alma, toda la canción, toda la celebración. Cuando se conoce todo, no hay nada que tenga valor. Cuando se conoce todo, no hay nada que valga la pena. Cuando se conoce todo, la vida ya no tiene sentido, no tiene interés.

Fíjate en la paradoja. Primero la mente te dice: «¡Conócelo todo!», pero cuando ya lo has conocido te dice: «La vida no tiene sentido».

Has destruido todo su sentido y ahora estás ansiando encontrarle un significado. La mente es una gran destructora de significado. Al insistir en que se puede conocer todo, no deja lugar a la tercera categoría: lo incognoscible, lo que permanecerá siempre sin poderse conocer. El significado de la vida se encuentra en lo incognoscible.

Los grandes valores de la vida –la belleza, el amor, Dios, la oración–, todo lo que es realmente importante, todo aquello que hace que la vida merezca la pena, forma parte de la tercera categoría. Lo incognoscible no es más que otro nombre de Dios, otro nombre del misterio y el milagro. Sin su existencia no puede haber asombro en tu corazón y sin asombro el corazón deja de ser un corazón, y sin arrobo pierdes algo totalmente valioso. Tus ojos se llenan de polvo, pierden su transparencia. El pájaro canta pero a ti no te afecta, no te provoca, no te conmueve porque conoces la explicación.

Los árboles son verdes pero su verdor no te hace bailar, no te hace cantar. No provoca la poesía en tu ser porque conoces la explicación: es la clorofila la que hace que los árboles sean verdes. De modo que no queda nada de poesía. Cuando hay una explicación desaparece la poesía. Además todas las explicaciones son utilitarias, no son supremas.

Si no confías en lo que no puedes conocer, ¿cómo puedes decir que la rosa es bella? ¿Dónde está su belleza? No es un componente químico de la rosa. Puedes analizar la rosa pero no encontrarás en ella ninguna belleza. Si no crees en lo que no se puede conocer puedes practicarle una autopsia a un cadáver: no encontrarás su alma. Y continuarás buscando a Dios pero no lo encontrarás en ninguna parte porque Dios no está en ninguna parte. La mente lo echará en falta porque la mente desearía que Dios fuera un objeto pero no lo es.

Cuando tus ojos se llenan de polvo, pierden su transparencia. El pájaro canta pero a ti no te afecta, no te provoca, no te conmueve porque conoces la explicación.

Dios es una vibración. Si estás en armonía con el sonido callado de la existencia, si estás en armonía con el sonido de una mano al palmear, si estás en armonía con aquello que los místicos hindúes denominan «sonido *anahata*», la suprema música de la existencia, si estás en armonía con el misterio, sabrás que *sólo* Dios existe y nada más. Así, Dios se convierte en sinónimo de la existencia.

Sin embargo, éstas son cosas que no se pueden entender, que no se pueden reducir a conocimiento: ahí es donde Tennyson falla, donde pierde todo el enfoque. Él dice:

«Pequeña flor, si yo fuera capaz de entender / lo que eres, con tus raíces y todo / comprendería qué es Dios y qué es el hombre.»

Todo es un «si».

Basho *sabe* lo que es Dios y lo que es el hombre en ese signo de admiración, *kana*. Estoy asombrado, estoy sorprendido... *¡una nazunia en la tapia!*

Quizá sea una noche de luna llena, o quizá sea por la mañana. Me imagino perfectamente a Basho de pie en el camino, sin moverse, como si se le hubiera parado la respiración. Una nazunia... bellísima. Todo el pasado se ha ido, todo el futuro ha desaparecido. Ya no hay más preguntas en su mente, sólo un puro asombro. Basho se ha convertido en un niño. Ha recuperado los ojos de niño para contemplar la nazunia, atentamente, amorosamente. En ese amor, en ese cuidado, hay un tipo de entendimiento totalmente diferente: no es un entendimiento intelectual, no es un entendimiento analítico. Tennyson intelectualiza todo el fenómeno y destruye así su belleza.

Tennyson representa a Occidente, Basho representa a Oriente. Tennyson representa la mente masculina, Basho representa la mente femenina. Tennyson representa la mente, Basho representa la no-mente.

Epílogo

SIN DESTINO

La distinción es muy sutil, pero es la misma que existe entre la mente y el corazón, entre la lógica y el amor, o, incluso mejor, entre la prosa y la poesía.

El destino es algo delimitado, la dirección es algo intuitivo. El destino es algo que está fuera de ti, como si fuera un objeto. La dirección es un sentimiento interno, no es un objeto sino tu misma subjetividad. Puedes sentir la dirección pero no la puedes conocer. Puedes conocer el destino pero no lo puedes sentir. El destino es algo que pertenece al futuro. Una vez decidido, empiezas a manipular tu vida hacia él, a encauzar tu vida hacia él.

Al fijar un destino, tu futuro deja de ser futuro porque ya no está abierto. Al hacerlo, has elegido una alternativa entre muchas.

¿Cómo vas a decidir el futuro? ¿Quién eres tú para decidir lo desconocido? ¿Cómo vas a fijar el futuro? El futuro es aquello que no conoces. El futuro es una posibilidad abierta. Al fijar un destino, tu futuro deja de ser futuro porque ya no está abierto. Al hacerlo, has elegido una alternativa entre muchas porque cuando todas las alternativas estaban abiertas era un futuro. Has desechado todas las alternativas menos una. Ya no es un futuro, es tu pasado.

Cuando decides un destino, es el pasado el que decide. Es tu experiencia del pasado, tu conocimiento del pasado los que deciden. Matas el futuro: ahora te dedicas a repetir tu propio pasado, quizá con alguna modificación, con algún cambio aquí y allá para tu comodidad, según te convenga. Ha sido repintado, renovado, pero aun así, surge del pasado. De este modo se pierde el camino del futuro: al decidir un destino, uno pierde el camino del futuro. Uno se queda muerto, uno empieza a funcionar como una máquina.

Te dedicas a repetir tu propio pasado, quizá con alguna modificación, con algún cambio aquí y allá para tu comodidad, según te convenga. Ha sido repintado, renovado, pero aun así, surge del pasado.

La dirección es algo vivo, del momento. No sabe nada del futuro, no sabe nada del pasado, pero palpita, late aquí y ahora. Como fruto de ese momento palpitante, surge el momento siguiente. No como una decisión a partir de tu pasado sino solamente porque vives ese momento y lo vives de una forma tan total, tan intensa, que como fruto de esa intensidad nace el momento siguiente. Va a tener una dirección. La dirección no se la das tú: no se la impones tú; es espontánea.

Tú no puedes decidir la dirección, sólo puedes vivir ese momento que está ante ti. Al vivirlo, surge la dirección. Si danzas, el siguiente momento será de intensa danza. No es algo que tú decidas sino que lo único que harás será danzar ese momento. Tú has creado una dirección, no lo estás manipulando. El momento siguiente estará lleno de danza, y aún más lo estará el momento que siga a éste.

El destino lo fija la mente; la dirección la adquieres viviendo. El destino es algo lógico. Hay quien quiere ser médico, quien quiere ser ingeniero, quien quiere ser científico o quien quiere ser político. Otro quiere ser rico, famoso: esto son destinos. ¿Y la dirección? Uno simplemente vive el momento con plena confianza de que la vida decidirá. Uno vive el momento tan intensamente que, como fruto de esa totalidad, nace una frescura. Como fruto de esa totalidad se disuelve el pasado y comienza a tomar forma el futuro. Esa forma ya no es algo que tú le des, esa forma es algo que adquieres.

> *Tú no puedes decidir la dirección, sólo puedes vivir ese momento que está ante ti. Al vivirlo, surge la dirección. Si danzas, el siguiente momento será de intensa danza.*

Rinzai, un maestro zen se estaba muriendo, estaba en su lecho de muerte. Una persona le preguntó: «Maestro, cuando te hayas ido la gente nos preguntará cuál era tu mensaje básico. Tú nos has contado muchas cosas, nos has hablado de muchas cosas; será muy difícil para nosotros condensarlas. Por favor, antes de abandonarnos, resúmelas tú mismo en una sola frase, de modo que la guardemos como un tesoro y siempre que veamos a alguien que no ha conocido tu deseo le podamos dar ese mensaje».

Rinzai, muriéndose, abrió los ojos y dio un gran grito zen, ¡un rugido de león! ¡Todos se quedaron asombrados! No podían creer que ese hombre que se estaba muriendo tuviera tanta energía. No se lo esperaban. Aquel hombre era impredecible, siempre había sido así pero a pesar de saberlo no se esperaban que en el último momento, ahora que se estaba muriendo, diera tal rugido. Mientras todos estaban sorprendidos –por supuesto, sus mentes se pararon, estaban sorprendidos, habían sido cogidos por sorpresa–, Rinzai dijo: «¡Esto es todo!». Luego cerró los ojos y se murió.

Esto es todo...

Este momento, este momento silencioso, este momento incorrupto por el pensamiento, este silencio que rodeaba a la sorpresa, ese último rugido de león frente a la muerte: esto es todo.

Sí, la dirección surge de vivir el momento. No es algo que tú arregles y planees. Es algo que ocurre. Es algo muy sutil y sobre lo que nunca estarás seguro. Sólo lo puedes sentir. Por eso os digo que es algo más parecido a la poesía que a la prosa; más parecido al amor que a la lógica; más parecido al arte que a la ciencia. He ahí su belleza: dubitativa, tan dubitativa como una gota de rocío en una hoja de hierba, deslizándose sin saber adónde, sin saber por qué. Bajo el sol de la mañana, simplemente deslizándose sobre la hoja de hierba.

La dirección es algo muy sutil, delicado, frágil.

El destino le pertenece al ego, la dirección le pertenece a la vida, al ser.

Para moverse en el mundo de la dirección uno necesita tener una gran confianza, ya que uno se mueve en la inseguridad, uno se mueve en la oscuridad. Pero la oscuridad tiene su encanto: sin mapa, sin ninguna guía te mueves en lo desconocido. Cada paso supone un descubrimiento, y no es sólo un descubrimiento del mundo exterior. Al mismo tiempo, ocurre algo en ti. Un descubridor no descubre únicamente cosas. A medida que va descubriendo cada vez más mundos desconocidos, se va descubriendo también a sí mismo a la vez. Cada descubrimiento supone también un descubrimiento interior. Cuanto más conoces, más conoces acerca del conocedor. Cuanto más amas, más sabes acerca del amado.

Yo no te voy a ofrecer ningún destino. Sólo te puedo ofrecer una dirección; viva, palpitante de vida y de cosas desconocidas, siempre sorprendente, impredecible. Yo no te voy a dar un mapa. Lo único que te puedo ofrecer es la pasión por descubrir.

Sí, no te hace falta ningún mapa: lo que necesitas es una gran pasión y un gran deseo por descubrir. Te dejo solo. Ve por tu cuenta. Muévete en la vastedad, en la infinitud, y poco a poco, aprende a confiar en ella. Abandónate en las manos de la vida. El hombre que confía, el hombre que está maravillado incluso ante las puertas de la muerte, puede rugir como un león. Aunque se esté muriendo –como sabe que nada muere– en el mismo momento de su muerte puede decir: «¡Esto es todo!».

Porque cada momento, esto es todo. Puede ser la vida, puede ser la muerte; puede ser el éxito, puede ser el fracaso; puede ser la felicidad, puede ser la infelicidad.

Cada momento... ¡esto es todo!

Acerca del autor

Resulta difícil clasificar las enseñanzas de Osho, que abarcan desde la búsqueda individual hasta los asuntos sociales y políticos más urgentes de la sociedad actual. Sus libros no han sido escritos, sino transcritos a partir de las charlas improvisadas que ha dado en público en el transcurso de treinta y cinco años. El londinense *The Sunday Times* ha descrito a Osho como uno de los «mil creadores del siglo xx», y el escritor estadounidense Tom Robbins como «el hombre más peligroso desde Jesucristo».

Acerca de su trabajo, Osho ha dicho que está ayudando a crear las condiciones para el nacimiento de un nuevo tipo de ser humano. A menudo ha caracterizado a este ser humano como Zorba el Buda: capaz de disfrutar de los placeres terrenales, como Zorba el griego, y de la silenciosa serenidad de Gautama Buda. En todos los aspectos de la obra de Osho, como un hilo conductor, aparece una visión que conjuga la intemporal sabiduría oriental y el potencial, la tecnología y la ciencia occidentales.

Osho también es conocido por su revolucionaria contribución a la ciencia de la transformación interna, con un enfoque de la meditación que reconoce el ritmo acelerado de la vida contemporánea. Sus singulares «meditaciones activas» están destinadas a liberar el estrés acumulado en el cuerpo y la mente, y facilitar así el estado de la meditación, relajado y libre de pensamientos.

Osho® Meditation Resort

El Meditation Resort fue creado por Osho con el fin de que las personas puedan tener una experiencia directa y personal con una nueva forma de vivir, con una actitud más atenta, relajada y divertida. Situado a unos ciento sesenta kilómetros al sudeste de Bombay, en Puna, la India, el centro ofrece diversos programas a los miles de personas que acuden a él todos los años procedentes de más de cien países.

Desarrollada en principio como lugar de retiro para los marajás y la adinerada colonia británica, Puna es en la actualidad una ciudad moderna y próspera que alberga numerosas universidades e industrias de alta tecnología. El Meditation Resort se extiende sobre una superficie de más de dieciséis hectáreas, en una zona poblada de árboles conocida como Koregaon Park. Ofrece alojamiento de lujo para un número limitado de huéspedes, y en las cercanías existen numerosos hoteles y apartamentos privados para estancias desde varios días hasta varios meses.

Todos los programas del centro se basan en la visión de Osho de un ser humano cualitativamente nuevo, capaz de participar con creatividad en la vida cotidiana y de relajarse con el silencio y la meditación. La mayoría de los programas se desarrollan en instalaciones modernas, con aire acondicionado, y entre ellos se cuentan sesiones individuales, cursos y talleres, que abarcan desde las artes creativas hasta los tratamientos holísticos, pasando por la transformación y terapia personales, las ciencias esotéricas, el enfoque zen de los deportes y otras actividades recreativas, problemas de relación y transiciones vitales importantes para hombres y mujeres. Durante todo el año se ofrecen sesiones individuales y talleres de grupo, junto con un programa diario de meditaciones.

Los cafés y restaurantes al aire libre del Meditation Resort sirven cocina tradicional india y platos internacionales, todos ellos confeccionados con vegetales orgánicos cultivados en la granja de la comuna. El complejo tiene su propio suministro de agua filtrada.

PARA MÁS INFORMACIÓN

Para obtener más información sobre cómo visitar este centro de la India, o conocer más sobre Osho y su obra, se puede consultar www.osho.com, amplio sitio web en varias lenguas que incluye un recorrido por el Meditation Resort y un calendario de los cursos que ofrece, un catálogo de libros y cintas, una lista de los centros de información sobre Osho de todo el mundo y una selección de sus charlas. También puede dirigirse a Osho International, Nueva York, oshointernational@oshointernational.com

Sumario

Prólogo 7

Mapas 13
Cabeza, corazón y ser 15
Pasado, presente y futuro 21
Tres peldaños de una escalera 32

Obstáculos para el conocer 59
Conocimiento 61
Intelecto 76
Imaginación 82
Política 97

Estrategias 125
Pela la cebolla 127
La función de lo femenino 152
Da un paso del pensamiento
al sentimiento 180
Relax 194
Descubre tu guía interior 200
Haz que la felicidad sea
el criterio a seguir 208
Busca la poesía 212

Epílogo 223
Sin destino 223

Acerca del autor 229

Osho® Meditation Resort 231

Título de la edición original: *Intuition: Knowing beyond Logic*
Traducción del inglés: Rocío Moriones Alonso,
cedida por Random House Mondadori, S. A.
Diseño: Eva Mutter
Fotografía de la sobrecubierta: © Serge Kozak

Círculo de Lectores, S. A. (Sociedad Unipersonal)
Travessera de Gràcia, 47-49, 08021 Barcelona
www.circulo.es
1 3 5 7 9 4 0 1 2 8 6 4 2

Depósito legal: B. 44716-2004
Fotocomposición: Anglofort, S. A., Barcelona
Impresión y encuadernación: Printer industria gráfica
N. II, Cuatro caminos s/n, 08620 Sant Vicenç dels Horts
Barcelona, 2004. Impreso en España
ISBN 84-672-0813-9
N.° 44834